Stefan Adams

Neue Fantasiereisen

Entspannende Übungen
für Jugendarbeit
und Erwachsenenbildung

Gerne nehmen wir Ihre Anregungen, Wünsche, Kritik oder Fragen entgegen:
Don Bosco Medien GmbH, Sieboldstraße 11, D-81669 München
anregungen@donbosco-medien.de
Servicetelefon: +49(0)89 4 80 08-3 41

Bibliografische Information der Deutschen Nationalbibliothek

Die Deutsche Nationalbibliothek verzeichnet diese Publikation in der Deutschen Nationalbibliografie; detaillierte bibliografische Daten sind im Internet über http://dnb.d-nb.de abrufbar.

14. Auflage 2024 / ISBN 978-3-7698-1451-4
© 2004 Don Bosco Medien GmbH, München
www.donbosco-medien.de
Jegliche Nutzung für Text-and-Data Mining und KI-Training ist ausdrücklich vorbehalten und nicht gestattet.
Umschlag: Alexandra Paulus nach einem Entwurf von Michael Brandel
Foto Umschlag: Peter Friebe, Germering
Fotos Innenteil: Peter Friebe, Germering (S. 9) /
Peter Santor, Karlsruhe (S. 19, 33, 57)
Druck: BoD – Books on Demand, Norderstedt

Gedruckt auf umweltfreundlichem Papier

Inhalt

Vorwort	8
Gedanken vor der Reise – Bedingungen und Ziele	9
Fantasiereisen brauchen Rahmenbedingungen	11
Fantasiereisen haben eine Struktur	12
Fantasiereisen sind Entspannung und Erholung	12
Fantasiereisen sind Inhalt und Methode	13
Fantasiereisen sind Reflexion	13
Fantasiereisen ermöglichen Lernprozesse	14
Fantasiereisen sind Lösungssuche	16
Fantasiereisen sind Gruppenerlebnisse	17
Fantasiereisen trainieren Fähigkeiten	17
Fantasiereisen sind Teil eines Konzeptes	18
Reiseeindrücke wirken nach – Weiterarbeit nach einer Fantasiereise	19
Spontanen Reaktionen Raum geben	21
Impulsfragen zum Thema	22
Briefe oder Tagebuch schreiben	25
Kreativarbeit	25
Orte besuchen	27
Brainstorming	28
Hierarchien bilden	29
Relationen bilden	29
Körperübungen	30
Über Erfahrungen berichten	31
Eine eigene Fantasiereise schreiben	31
Aufbrechen und wieder zurückkehren – Entspannungs- und Rückholphasen	33
Atemhauch	35
Stille aufnehmen	36
Ruhe und Gelassenheit	37
Kerzenlicht	38
Formel	40
Muskelentspannung	42
Schwerkraft	43
Solarplexus	44
Harmonisches Summen	46

Ommm	47
Seifenblasen	49
Klangschale	51
Diskokugel	52
Bunter Schatten	54
Sphäre aus Wärme und Licht	55

Wandern in Gedanken-Welten – Fantasiereisen 57

Südseestrand	59
Yacht	61
Die fliegende Scheibe	64
Eisläufer	67
Paraglider	69
Sonnenwärme	71
Schwerelosigkeit	74
Tauchgang	76
Trampolin	79
Feuer-Jonglage	82
Wolkenformer	84
Universum in der Nussschale	86
Die Tomate	88
Gänseküken	90
Streichelzoo	92
Sommerwind	95
Frühlingsblüten	97
Weihnachtsmann	100
In der Kirche	103
Japanische Rituale	105
Schattenspiele	108
Phönix	110
Der Brief	113
Flügel der Fantasie	115
Gegen den Strom	118
Rabe im Nebel	120
Der Platz in meinem Herzen	123
Museum der Erinnerungen	125
Stadt im Dschungel	130
Fremdbild und Selbstbild	132
Kristallkugelbaum	135
Kostümverleih	137
Mein Name	140
Frühlingserwachen	143

Generationen	146
Sternenkugel	148
Berührung, Umarmung, Kuss	150
Ring der Freundschaft	153
Heilende Hände	155
Traumpfade	158
Berührungen	161
Ballonstart	164
Regenbogen	166

Vorwort

Fantasiereisen sind geleitete Entspannungsübungen, die in immer mehr Feldern der Bildungsarbeit mit Kindern, Jugendlichen und Erwachsenen auftauchen. Sie halten Einzug in Gottesdienste, in Sitzungen, Tagungen und Seminare. Die steigende Beliebtheit dieser Methode lässt sich wohl am ehesten damit erklären, dass Fantasiereisen fast universell zu allen Themengebieten einsetzbar sind. Sie beflügeln und inspirieren die eigene Vorstellungskraft und verbinden selbst gemachte Erfahrungen mit Impulsen von außen zu neuen Bildern und „Filmen", die nur im eigenen Kopf ablaufen. Die Kraft der Fantasie ist eine starke und eindrückliche Kraft. Mit ihrer Hilfe können wir kreativ sein, mit unserem Unterbewusstsein kommunizieren und eine entspannende Wirkung auf unseren Körper ausüben. In Fantasiereisen erschaffen wir uns unsere eigenen Erlebens- und Lernwelten.
Fantasiereisen können Ruhe-Oasen in einem hektischen Alltag sein. Allerdings sei davor gewarnt, sie als „Beruhigungsmittel" für eine unruhige Gruppe missbrauchen zu wollen. Fantasiereisen „funktionieren" nur bei dem, der sich darauf einlassen möchte und kann.

In meinem ersten Buch „Fantasiereisen für Jugendliche" habe ich die Zielgruppe der Jugendlichen, ihre besonderen Bedürfnisse und Ansprüche und ihre Themen in den Blick genommen. Darin ist auch einiges zu den Grundlagen und Variationen von Fantasiereisen zu finden.
In diesem neuen Buch habe ich die Zielgruppe auf Erwachsene erweitert und einen Schwerpunkt auf die methodische Aufarbeitung der Fantasiereisen gelegt. Ziel ist es, Fantasiereisen als einen Teil in einem pädagogischen Kontext zu sehen, in dem die einzelnen Teile aufeinander aufbauen und sich aufeinander beziehen. In der pädagogischen Arbeit mit Jugendlichen und Erwachsenen erlebe ich immer wieder, dass der Einsatz einer Fantasiereise, z. B. bei einem Töpferkurs, einem Computerkurs oder bei einem Vortrag zum Konfliktmanagement, erst als ungewöhnlich und dann doch als sehr inspirierend erlebt wird. Fantasiereisen sind ein weiterer methodischer Mosaikstein der Bildungsarbeit. Aber nicht nur das: Neben der pädagogischen Zielsetzung sind sie außerdem eine wunderbar entspannende und schöne Art, die Seele baumeln zu lassen und sich persönlich etwas Gutes zu tun.

Gedanken vor der Reise

Bedingungen und Ziele

Fantasiereisen brauchen Rahmenbedingungen

Im Normalfall liegen die Teilnehmer einer Fantasiereise auf einer weichen Unterlage auf dem Boden. Ein Kissen unter dem Kopf und das Herausnehmen von Gegenständen wie Geldbörsen, Handy oder Schlüsselbund aus den Taschen fördern die Bequemlichkeit des Liegens. Die Schuhe können ausgezogen werden. Bei Fantasiereisen liegt man lange, ohne sich zu bewegen. Wenn es zudem im Raum noch etwas kühler ist, sollten die Teilnehmer sich mit einer Decke zudecken.
Im Idealfall kennen sich die Teilnehmer untereinander, haben Erfahrung mit Fantasiereisen und sind mit dem Anleiter und seinem Redestil vertraut. Eine zu große Müdigkeit bei den Teilnehmern kann dazu führen, dass viele während der Übung einschlafen.
Soll die Fantasiereise mitten in einem Arbeitsprozess durchgeführt werden oder sind die Teilnehmer mit wichtigen anderen Dingen beschäftigt, kann es ihnen schwer fallen, sich darauf einzulassen.
Die Freiwilligkeit der Teilnahme sollte selbstverständlich sein.
Bei Menschen, die eine solche Übung zum ersten Mal ausprobieren, hat es sich bewährt, im Voraus darüber zu informieren, wie die Übung abläuft, wie lange sie etwa dauern wird und was danach geplant ist. Bei Jugendlichen kann es zu einer Geduldsprobe werden, bis die Unsicherheit der neuen Situation sich gelegt hat.
Kerzen, Duftöl oder gedämpftes Licht sind einer entspannenden und besinnlichen Stimmung förderlich.
Geräuschquellen sollten soweit wie möglich während der Fantasiereise ausgeschaltet werden. Die Auswahl der Musik sollte zur Stimmung und zu den Bildern in der Fantasiereise passen und die Lautstärke beim Anschalten des Abspielgerätes nicht zu hoch sein.
Der Anleiter sollte mit der Durchführung von Fantasiereisen vertraut sein, um sein Sprechtempo und die Länge der Pausen richtig einschätzen zu können. Die Stimme sollte natürlich bleiben und der Text kann dem eigenen Sprachgebrauch und Redestil angepasst werden. Sprechpausen nach Sätzen oder Absätzen unterstreichen das Gesagte und lassen es nachhaltiger wirken.
Pausen zum Überlegen und um Gedanken schweifen zu lassen sollten etwa eine halbe bis eine Minute dauern. Bei längeren Pausen entfernt man sich leicht von den vorgegebenen Bildern oder der Aufgabe. Sind Pausen zu kurz, entsteht ein Gefühl der Gehetztheit, das dazu führen kann, dass sich die Teilnehmer nicht länger auf die Fantasiereise einlassen möchten und sich gedanklich „ausklinken".
Um einen Überblick über die Gesamtlänge der Übung zu behalten, kann eine Uhr sehr hilfreich sein. Nach spätestens 30 Minuten sollte die Fantasiereise vorbei sein.

Fantasiereisen haben eine Struktur

Jede Fantasiereise beginnt mit einer Einleitungs- und Entspannungsphase, deren Ziel es ist, den Körper zu entspannen und in einen leichten Trance-Zustand zu kommen. Je nach Länge der Fantasiereise benötigt die Einleitungs- und Entspannungsphase etwa ein Drittel der Gesamtzeit.
Der zweite Teil, die eigentliche Fantasiereise, dauert dann fast die restlichen zwei Drittel der Gesamtzeit.
Um den Körper aus seinem Ruhezustand wieder zu reaktivieren und die Gedanken in die Realität zurückzuholen, reichen ein bis zwei Minuten.
Da einige Menschen länger brauchen um „aufzuwachen", kann nach Ende der Übung noch einmal einige Minuten Zeit gegeben werden. In dieser Zeit kann auch die Musik weiter laufen oder eine etwas rhythmischere Musik im Hintergrund abgespielt werden.

Fantasiereisen sind Entspannung und Erholung

Fantasiereisen sind Gedankenexperimente, bei denen der Körper durch Beeinflussung von außen und willentliche Steuerung des Teilnehmers in einen entspannten, schlafähnlichen Zustand versetzt wird. In der Entspannungsphase findet mit Übungen, die denen des autogenen Trainings ähneln, eine Selbstsuggestion statt. Dadurch entspannen sich die Muskeln, Herzrhythmus und Atemfrequenz verlangsamen sich und das vegetative Nervensystem übernimmt die Kontrolle über den Körper. Der tranceartige Zustand, in dem der Körper sich dann befindet, ähnelt der REM-Phase des Schlafes.
Das Gehirn ist während dieses Vorgangs allerdings hellwach, befindet sich aber in seiner „eigenen Welt". Das Gefühl dabei lässt sich mit einem Tagtraum vergleichen. Im Unterschied dazu werden bei einer Fantasiereise allerdings die Gedanken von außen stimuliert und bewusst vom Gehirn wahrgenommen. Der Geist ist wach und aktiv, während der Körper seine Aktivität zurückfährt und sich regeneriert. In diesem Zustand ist das Gehirn sehr aufnahmefähig und man erlebt Vorgestelltes sehr intensiv.
Nach dem „Aufwachen" fühlt man sich dann erholt und gestärkt. Gleichzeitig wurde aber „gedanklich gearbeitet" und unter Umständen die Grundlage für eine Weiterarbeit geschaffen oder ein kreativer Prozess in Gang gebracht.

Fantasiereisen sind Inhalt und Methode

Werden Fantasiereisen in der pädagogischen Arbeit eingesetzt, dann sind sie entweder selbst Inhalt und Ziel, oder sie werden als Methode eingesetzt, um andere Inhalte zu transportieren, andere Ziele zu erreichen.
Im ersten Fall heißen die Ziele „Entspannung" oder „arbeitsfähig bleiben" bzw. „wieder arbeitsfähig werden". Hier werden entspannende, erholsame Bilder eingesetzt: ein Spaziergang am Strand, eine Wanderung in den Bergen, oder die Vorstellung, zu fliegen. Die Teilnehmer sollen sich „nur" erholen, körperlich regenerieren und entspannen, den Kopf wieder frei bekommen oder abgelenkt werden. Fantasiereisen werden eingesetzt, um dem natürlichen Bedürfnis des Körpers nach Ruhepausen gerecht zu werden.
Im zweiten Fall ist die Fantasiereise das didaktische Instrument, um Inhalte wie Werte und Wissen zu transportieren oder um andere Ziele zu erreichen. Hier wird nach der Entspannungsphase „gedanklich gearbeitet". Das kann geschehen, indem man Situationen und eigene Erlebnisse reflektiert, oder aber die Fantasiereise lädt dazu ein, sich mit einem Thema genauer zu beschäftigen, intensiver in die Facetten eines Themenkomplexes einzutauchen. Es können auch „gedankliche Rollenspiele" durchgeführt und eigene Gefühle dabei reflektiert werden. Kreative Prozesse können initiiert und Ansätze zu Problemlösungen gefunden werden.

Fantasiereisen sind Reflexion

Jede Fantasiereise hat reflexive Elemente. Unser Gehirn baut die Fantasiewelten in unserer Vorstellung aus real erlebten Erfahrungen und aus Gesehenem zusammen. Ein Strand in unserer Vorstellung ist entweder ein real existierender Strand, an dem wir einmal selbst waren (was tiefe Eindrücke in unserer Erinnerung hinterlässt), oder sieht aus wie ein Strand, den wir in einem Katalog, einem Buch, auf einem Plakat oder in einem Film gesehen haben. Auch solche Eindrücke, die nicht mit allen Sinnen erfahren wurden, bleiben in unserem Gehirn gespeichert.
Diese Eindrücke sind allerdings sehr subjektiv und damit idealisiert. Die meisten Menschen neigen dazu, Erinnerungen zu idealisieren und das Negative und Unangenehme daran zu verdrängen. Die Realität wird einer Wunschvorstellung angenähert. Man biegt sich seine kleine Welt zurecht.

Ähnlich ist das mit erlebten Gefühlen. Man kann sich nicht mehr wirklich vorstellen, wie groß die Schmerzen in einer Situation waren, oder wie unangenehm man sich in einer anderen Situation gefühlt hat. Das Gehirn hat diese Informationen nicht eins zu eins abgespeichert.
Darin aber liegt die Chance von Fantasiereisen, Situationen und Erlebnisse zu reflektieren. In der konkreten Situation selbst wären wir nicht in der Lage,

das momentane Geschehen zu reflektieren. Wir sind vollauf damit beschäftigt, Eindrücke und Gefühle zu verarbeiten. Erst mit einigem zeitlichem Abstand, in dem schon eine Interpretation geschehen ist und die (oft verwirrenden) Informationen ansatzweise verarbeitet wurden, ist es möglich, die Situation möglichst neutral zu reflektieren. Gerade bei emotionalen Erlebnissen ist das oft erst nach langer Zeit möglich.

Mit zeitlichem Abstand gelingt es auch, Strukturen, Handlungsabläufe und mögliche Ursachen für ein Ereignis zu erkennen. Auch „schleichende Vorgänge", die sich über eine lange Zeit hinweg verändert haben, ergeben oft erst mit Abstand einen Sinn.

Alle Bilder, die wir also während der Fantasiereise erschaffen, beruhen auf Erfahrungen und deren Interpretation (auch die Art und Weise der Interpretation hat ihre Erfahrungsgeschichte). Unser Gehirn erschafft aber in einem kreativen Prozess aus diesen verschiedenen Eindrücken und Interpretationen ein neues Bild. So entstehen die (oft unbekannten) Bilder vor unserem inneren Auge.

Fantasiereisen sind aber auch ein hervorragendes Instrument, um konkret erlebte Szenen zu reflektieren. Viele der Übungen in diesem Buch laden dazu ein, eigene Lebensthemen zu suchen, Erlebnisse zu interpretieren, durch Rollenwechsel eine neue oder andere Sicht und Einsicht in die Dinge zu bekommen, die wir erlebt haben. Beziehungen zu anderen Menschen können auf gedanklicher Ebene gefahrlos analysiert werden. In der Fantasie ist es sogar möglich, mit verstorbenen, noch nicht geborenen oder imaginären Personen oder mit „sozialen Wesenheiten" zu kommunizieren und die Beziehung zu ihnen einer Analyse zu unterziehen. Um sich mit der eigenen Lebenswelt und deren Reflexion zu beschäftigen, ist eine Fantasiereise ein hervorragend geeignetes didaktisches Instrument.

Fantasiereisen ermöglichen Lernprozesse

Lernen ist ein gedanklicher Prozess, der auf Erfahrung beruht. Durch Fantasiereisen ist Lernen auf unterschiedliche Art und Weise möglich, und zwar einerseits auf der körperlichen Ebene als Einüben der Entspannungstechnik selbst und andererseits auf der inhaltlichen Ebene der Fantasiereisen durch die geistige Auseinandersetzung mit dem jeweiligen Thema.

Wenn Fantasiereisen als regelmäßiges pädagogisches Element eingesetzt werden, lernt der Körper, sich schnell und effektiv zu entspannen. Dieser Effekt, der sich das autogene Training zunutze macht, ist ein Lernen durch Wiederholung. Je öfter der Körper übt, sich in einer Entspannungsphase zu beruhigen und in den tranceartigen Zustand zu gelangen, desto schneller passt sich das autonome Nervensystem diesem Prozess an und stellt die Körperfunktionen auf Regeneration um. Der Körper hat gelernt, sich schnell und optimal in einen Ruhezustand zu versetzen. Dieser Effekt tritt oft schon nach der zweiten oder dritten Fantasiereise auf und kann dann auch als kurze Zwischenentspannung im Alltag angewendet werden. Eine kurzer Moment der Stille, ein Konzentrieren auf die Atmung, eine innere Vorstellung von einem angenehmen „Entspannungsbild" oder ein paar formelhafte Sätze genügen dann bereits, um in einen entspannten Zustand zu gelangen.

Lernen geschieht auch durch Versuch und Irrtum. Erst wenn man merkt, dass etwas schief gelaufen ist, und sich auf die Suche nach Ursachen und Fehlern im Prozess macht, ist die Möglichkeit gegeben, den nächsten Versuch erfolgreicher werden zu lassen. In Fantasiereisen können Situationen aus dem Leben des Teilnehmers mit Abstand und womöglich aus einer anderen Rolle heraus reflektiert werden um so nach möglichen Ursachen und Gründen zu suchen, warum die Situation gerade so und nicht anders verlaufen ist. Das kann zu einer Bestätigung der eigenen Reaktion in der Situation führen, oder zu dem Vorsatz, das nächste Mal etwas anders zu machen oder eine alternative Handlung auszuprobieren.
Eine solche Handlungsalternative kann in einer Fantasiereise dann auch, wie in einem geschützten Rollenspiel (ohne die Augen der Öffentlichkeit), durchgespielt und die möglichen Konsequenzen können beobachtet werden. Diese Vorstellung hat natürlich nicht die geballte Kraft der Eindrücke einer real erlebten Situation, aber auch nur vorgestellte Eindrücke sind Eindrücke. Eine solche Vorstellung kann aber dazu dienen, festgefahrene Verhaltensmuster zu überdenken, sich selbst Mut zu machen und sich selbst zu motivieren. Sie kann auch das subjektive Gefühl von Sicherheit vermitteln, weil mir die denkbaren Reaktionen der Umwelt schon bekannt sind – obwohl die Reaktionen der Umwelt auf eine Situation so vielfältig sein können, dass es aussichtslos ist, alle Möglichkeiten gedanklich durchspielen zu wollen.

Wenn viele Menschen die gleiche Fantasiereise erleben, sieht jeder vor seinem inneren Auge etwas anderes. Ein anschließender Austausch über Inhalte und Erlebnisse während der Reise kann sehr lehrreich für die einzelnen Teilnehmer werden, weil dabei klar wird, wie vielfältig Situationen erlebt werden. Es wird ein Schritt aus der individuellen Subjektivität heraus in eine „Multi-Subjektivität" gemacht. Vielleicht inspiriert diese Erfahrung den einen oder anderen Teilnehmer dazu, sein Denken und Handeln in Zukunft objektiveren Maßstäben zu unterziehen. Damit werden Vorurteile abgebaut, Empathie gefördert, Anteilnahme für andere Menschen, deren Situation und Probleme, ihre Individualität und Einzigartigkeit geweckt. Es kann Interesse für andere Meinungen, Werte und (Sub-)Kulturen geweckt und ein offenes und liberales Weltbild geprägt werden.

Fantasiereisen bieten noch eine weitere Möglichkeit zu lernen: Wie in Geschichten, Bildern oder Karikaturen können durch Fantasiereisen relativ komplexe

Sachverhalte metaphorisch erklärbar und begreifbar gemacht werden. Ideen, Einstellungen oder Werte werden in Bilder „verpackt", die verständlich und nachvollziehbar sind, oder sie werden innerhalb des Lebens- und Erfahrungshorizontes der Teilnehmer angesiedelt. Ziel ist es hier, den berühmten „Aha-Effekt" zu erreichen.

Fantasiereisen sind Lösungssuche

Im wirklichen Leben können die Folgen unseres Tuns unüberschaubar sein. Leicht folgt auf eine Aktion eine Reaktion, mit der man bisher nicht gerechnet hat. Oft beeinflussen Faktoren das Geschehen, die wir bisher übersehen haben, und geben dem Geschehen eine ganz neue Richtung. Wenn wir in der Wirklichkeit handeln, hat das Folgen. In den seltensten Fällen lassen die sich rückgängig machen. Manchmal reicht eine Erklärung oder eine Entschuldigung, aber meistens schaffen Versuche ganz neue Ausgangssituationen. Fantasiereisen bieten in Fällen, in denen man sich zwischen zwei oder mehreren Handlungsalternativen entscheiden muss, eine Stütze. Zwar können auch hier unbekannte Faktoren nicht in Betracht gezogen werden, aber durch „gedankliche Rollenspiele" und die Fähigkeit, sich in die Gedanken- und Gefühlswelt anderer Menschen hineinzuversetzen oder eigene Reaktionen vorwegzunehmen, kann eine solche Methode eine wichtige Hilfe sein. Fantasiereisen können auch der Unterstützung bei „klassischen" Methoden zur Lösungssuche, wie dem Brainstorming oder Brainwriting, dienen. Bei diesen Methoden kann in der Gruppe wild fantasiert werden, wobei sich die Mitglieder der Gruppe gedanklich gegenseitig inspirieren. Auch utopische Lösungsversuche können und sollen genannt werden. Gerade bei diesen scheinbar utopischen und fantastischen Ideen kann durch eine Fantasiereise, in der diese Möglichkeiten durchgespielt werden, den Utopien vielleicht doch der eine oder andere realistische Gedanke abgewonnen werden.
Fantasiereisen werden in der klinischen Psychologie dazu eingesetzt, Ängste zu therapieren. An dieser Stelle soll wieder einmal davor gewarnt werden, Derartiges als Laie auszuprobieren. Allerdings ist es möglich, „angstbesetzte Situationen", wie ein Vorstellungsgespräch, eine Rede vor vielen Menschen, eine Prüfung oder ein Rendezvous, in einer Fantasiereise durchzuspielen, dabei Alternativen zu erproben und somit etwas mehr Selbstsicherheit zu gewinnen.
Gerade bei Fantasiereisen, in denen wenige gezielte Impulse von außen gegeben werden, wird das Gehirn dazu inspiriert, die Gedanken frei fließen zu lassen, sie nicht bewusst zu lenken oder zu beeinflussen. Dabei wird versucht, das Unterbewusstsein „anzuzapfen", um damit auf Lösungen und Ideen zu kommen, die man rational nicht gefunden hätte. Man könnte diesen Vorgang als ein „Brainstorming mit dem eigenen Unterbewusstsein" bezeichnen. Der schlafähnliche Zustand unterstützt diesen Vorgang. Um die Ergebnisse allerdings auswerten

zu können empfiehlt es sich, sofort nach der Rückholphase Papier und Stift zu nehmen und alles aufzuschreiben, was an Gedanken noch vorhanden ist, denn es tritt ein ähnlicher Effekt wie beim Träumen auf: Die Gedanken entgleiten sehr schnell dem wachen Bewusstsein.

Fantasiereisen sind Gruppenerlebnisse

Gemeinsame Stille verbindet. Menschen, die zum ersten Mal das ungewöhnliche Experiment wagen, sich im gleichen Raum zu befinden, die Augen geschlossen zu halten und 20 Minuten nicht miteinander zu sprechen, haben ein Gruppenerlebnis der besonderen Art. Viele Gruppen kommen zu einem festgelegten Anlass zusammen. Die Schulklasse soll gemeinsam Unterrichtsstoff lernen, die Arbeitsgruppe an einem Thema arbeiten oder miteinander diskutieren und Gruppenstunden werden zur sinnvollen Freizeitgestaltung angeboten.
Eine Fantasiereise unterbricht die gewohnten Abläufe, schafft Gemeinsamkeit, wo sie nicht vermutet wird: im gemeinsamen Still-Sein. Während jeder in seiner eigenen Gedankenwelt die Worte des Anleiters interpretiert und sie mit Bildern füllt, sind doch alle in der gleichen Situation. Die Übungen der Entspannungsphase begünstigen dieses Phänomen: Durch die Konzentration auf den eigenen Körper, die willentliche Beruhigung der Nerven und die Absicht, die Gedankenwelt etwas durchschaubarer und ruhiger werden zu lassen, werden die Sinne geschärft. Eine hohe Sensibilität für die Umwelt entsteht und das Einfühlungsvermögen wird geschärft.
Nach der Rückkehr von einer Fantasiereise besteht nach einer kurze Phase der Reflexion und Besinnung sehr oft das Bedürfnis nach gegenseitigem Austausch. Das gemeinschaftlich Erlebte in all seinen Variationen und subjektiven Interpretationen bietet viele Sprechanlässe. Gemeinsame Erlebnisse schaffen einen gemeinsamen Gesprächsstoff, der Gruppen zusammenwachsen lässt.

Fantasiereisen trainieren Fähigkeiten

Es scheint keine realistische Vorstellung zu sein, in einem Zustand zwischen Wachen und Schlafen Fähigkeiten zu trainieren, die ihre Auswirkung auf das konkrete Handeln in der Realität haben. Und doch ist es möglich. Die Lerntheorie sagt aus, dass auch nur vorgestellte Szenarien und alternative Handlungen zu einer Reflexion herangezogen werden können und Auswirkungen auf Einstellungen, Meinungen und letztlich auf das Verhalten haben können.
Nachvollziehbarer ist die Tatsache, dass durch Fantasiereisen Imaginationsvermögen und Kreativität trainiert werden. Die eigenen Fähigkeiten, Bilder und

Szenen vor dem inneren Auge entstehen zu lassen, werden dabei mit Impulsen von außen ergänzt. Dabei entsteht ein Gemisch aus eigenen Erfahrungen, eigener Fantasie und Interpretation des Gehörten. Die Folge davon sind innere Bilder und „gedankliche Erfahrungen", die sich in den Erfahrungsschatz der Persönlichkeit integrieren. So können positive Grundstimmungen, Hoffnungen und Visionen verstärkt, ängstliche und destruktive Gedanken abgeschwächt werden.

Dieser Versuch der gedanklichen Manipulation ist allerdings immer dem Willen des Teilnehmers unterworfen. Nur, wer sich auf die Methode einlassen möchte und eine Grundmotivation zu positiver Veränderung mitbringt, kann von einer solchen Methode auch profitieren. Fantasiereisen sind keine Hypnose, die Menschen in irgendeiner Art und Weise einen fremden Willen aufzwingen und sie dazu bewegen kann, etwas zu tun, was sie nicht tun möchten. Das ist auch der Grund, warum es nur selten gelingt, aktive und unruhige Kinder mit Fantasiereisen zur Ruhe zu bringen und ihnen die Vorzüge des „In-sich-gekehrt-Seins" zu vermitteln. Sinnvoller und erfolgversprechender ist es in einem solchen Fall, den Kindern die Gelegenheit zu geben, sich auszutoben, um dann im Anschluss eine Fantasiereise zum Ausruhen anzubieten.

Fantasiereisen sind Teil eines Konzeptes

Fantasiereisen stehen nie für sich alleine. Immer wird mit diesen Übungen ein Ziel verknüpft. Ist das Ziel „Erholung", kann es bereits mit der Fantasiereise erreicht werden, ist das Ziel die Reflexion von Verhalten, das Vermitteln, von Werten, das Training von Fähigkeiten, die Sensibilisierung für einen Sachverhalt, oder eine andere Absicht, dann ist eine Fantasiereise nur ein Teil eines Ganzen. Wenn Fantasiereisen in Schulklassen, in Arbeitsgruppen, bei Veranstaltungen oder in der Gruppenstunde eingesetzt werden, können sie Anfangspunkt einer Einheit zu einem Thema sein, können in Prozessen ein methodisch anderer Ansatzpunkt zum Thema sein oder die Beschäftigung mit einem Thema abschließen.

Dieses Buch soll in der pädagogischen Arbeit mit Gruppen eine praktische Hilfestellung sein. Deshalb sind im folgenden Kapitel zahlreiche Vorschläge zur Weiterarbeit nach einer Fantasiereise gesammelt, die es erleichtern, komplette Konzepte zur Arbeit an einem Thema zu entwickeln.

Reiseeindrücke wirken nach

Weiterarbeit nach einer Fantasiereise

Spontanen Reaktionen Raum geben

Nach dem „Aufwachen" der Teilnehmer herrscht oft noch eine sehr ruhige und besinnliche Stimmung. Die „Reisenden" hängen meist noch eine Weile ihren Gedanken nach. Wenn diese Zeit der Stille vorbei ist, kann den Teilnehmern Raum gegeben werden, ihre Gedanken zu äußern. Ein Satz wie: „So, jetzt wäre die Möglichkeit, um die Gedanken auszusprechen, die euch gerade im Kopf herumgeistern" könnte eine solche Reflexionsphase einleiten.
Danach oder alternativ bieten sich Impulsfragen an. Hier ist eine Sammlung von Fragen, die im Anschluss an (fast) jede Fantasiereise passend sind:

- Wer möchte gerne etwas zu der Übung sagen?
- Wie hat euch die Übung gefallen?
- Wie hat dir dieses Gedankenexperiment gefallen?
- Welche „Botschaft" hatte die Geschichte (deiner Meinung nach)?
- Was hast du aus dieser Reise gelernt?
- Welches Ziel – glaubst du – hatte diese Übung?
- Was ist dir dabei sehr leicht gefallen?
- Was ist dir dabei schwer gefallen?
- Was müsste man ändern, damit es für dich passender oder angenehmer wäre?
- Welche Stelle während der Reise hast du am intensivsten empfunden?
- Mit welcher Szene konntest du wenig oder gar nichts anfangen?
- Wem aus deiner Familie (aus deinem Freundeskreis) würde eine solche Fantasiereise auch gefallen und wer könnte damit eher weniger anfangen? (Und woran könnte das liegen?)
- Was hat dich vor oder während der Übung gestört?
- Was könnte man an den Rahmenbedingungen (Temperatur, Geräuschpegel, Gruppengröße, Musik, Stimme, Situation, Zeitpunkt, Ort, etc.) verbessern?
- An welcher Stelle hätte es ruhig etwas ausführlicher für dich seinkönnen?
- Wie würdest du den Zustand deines Körpers während der Übung beschreiben?
- Wie fühlst du dich jetzt nach der Übung?
- Welches Bedürfnis spürst du in dir? Was würdest du jetzt gerne tun?
- Welche Szene war dir vertraut und welche eher fremd?
- Welche Gefühle wurden durch die Reise und während der Reise bei dir angesprochen?
- Würdest du eine solche Reise gerne noch einmal machen?
- Wie ist die Situation für dich, in der Gruppe ganz leise nebeneinander auf dem Boden zu liegen?
- Warum war es schwierig/könnte es schwierig sein, Ruhe in die Gruppe zu bekommen?
- Welchen Nutzen hat eine solche Fantasiereise?
- Welche Atmosphäre war in der Gruppe während der Übung zu spüren?

- Wie würdest du einem Freund diese Übung beschreiben?
- Welche anderen Entspannungstechniken kennst du noch?
- Wie und wo findest du sonst Entspannung, Ruhe und inneren Frieden?

Fantasiereisen als Entspannungsübung mit der Möglichkeit zum kurzen Austausch können gut alleine für sich stehen bleiben. Für Fantasiereisen, die als Einstieg oder als Sensibilisierung für ein Thema gedacht sind, bieten sich aber auch noch andere Arten der Weiterarbeit an. Je nach Motivation der Gruppe und Anspruch des Leiters kann die Intensität einer solchen Weiterarbeit auch unterschiedlich sein. Bei vielen Fantasiereisen sind die Möglichkeiten dazu durch Inhalt oder Thema vorgegeben oder beschränkt, oder sie lassen sich daraus ableiten. Darüber hinaus gibt es einige Formen der Weiterführung, die bei sehr vielen Reisen passend sind. Sie müssen dann nur auf das jeweilige Thema abgestimmt werden. In den „Tipps zur Weiterarbeit" bei den einzelnen Fantasiereisen dieses Buches finden sich viele solcher „Universalmethoden", die der jeweiligen Fantasiereise angepasst wurden. Einen groben Überblick über diese beinahe universell einsetzbaren Methoden gibt die folgende Sammlung.

Impulsfragen zum Thema

Um ein anschließendes Gespräch etwas zu strukturieren und in gewünschte Bahnen zu lenken, sind die Fantasiereisen dieses Buches alle mit einer kleinen Liste von Impulsfragen ergänzt. Diese Impulsfragen sind als offene Fragen formuliert, um ein Gespräch gut zu ermöglichen. Viele Impulsfragen beziehen sich auf Meinungen oder Erfahrungen der Teilnehmer und laden dadurch zum konstruktiven Austausch ein. Sie zielen darauf ab, Meinungsvielfalt sichtbar zu machen und Toleranz zu fördern.

Eine andere Kategorie der Impulsfragen bringt die Teilnehmer des Gespräches dazu, sich selbst, ihre Meinungen, Werte und Normen oder ihr konkretes Handeln in bestimmten Situationen zu reflektieren. Dabei geht es darum, Handlungs- und Denkmuster bewusst zu machen, sie eventuell zu bewerten und Alternativen zu entwickeln, wo es nötig oder gewollt ist. Es gibt unterschiedliche Möglichkeiten, solche Impulsfragen einzusetzen:

Geleitetes Gespräch

Das Gespräch findet mit der ganzen Gruppe statt. Der Leiter der Gruppe oder einer der Teilnehmer übernimmt die Gesprächsleitung und gibt eine der Fragen als Anfangsimpuls. Wenn die Gruppe ins Reden gekommen ist, kann durch gezieltes Nachfragen das Gespräch geleitet werden. Sollen verschiedene Aspekte eines Themas angesprochen werden, können weitere Fragen dazu in diese Themengebiete einführen. Die Diskussion entsteht ohne weitere Hilfsmittel oder Methoden und ist dann beendet, wenn die Gruppe beschließt, das Thema sei erschöpfend besprochen worden.

Gespräche in Kleingruppen
Besonders bei großen Gruppen oder bei Themen, die eine gewisse Vertrautheit voraussetzen, kann es nötig sein, Gespräche in kleineren Gruppen anzubieten. Wenn diese Gruppen sich frei finden können, ist meistens auch gewährleistet, dass eine vertrauensvolle Atmosphäre entsteht. Manchmal kann auch der Hinweis hilfreich sein, dass alles, was in der Gruppe gesprochen wird, auch in der Gruppe bleiben soll. In solchen Fällen sollten auch von der Leitung keine „Ergebnisse aus den Kleingruppen" eingefordert werden.
Bei weniger persönlichen Themen ist ein dokumentierendes Medium, das die Ergebnisse des Gesprächs zusammenfasst (kurzer Bericht, Plakat, Folie, Anspiel, Thesenpapier, Sketch o. Ä.) durchaus hilfreich.
Mit Impulsfragen kann in der Kleingruppe genauso wie in der Großgruppe gearbeitet werden: Einer der Teilnehmer übernimmt die Gesprächsleitung oder die Gruppe einigt sich untereinander, mit welcher Impulsfrage sie beginnen möchte.

Sensis-Cards
Eine interessante und diskussionsanregende Variation sind Kleingruppengespräche auf der Basis von Sensis-Cards. Dabei werden viele Impulsfragen zu einem bestimmten Thema von der Leitung oder in Zusammenarbeit mit der Gruppe erarbeitet. Die Fragen sollten als offene Fragen formuliert werden, also nicht nur mit „Ja" oder „Nein" zu beantworten sein. Oder es werden auch provokante und kontroverse Standpunkte gesammelt. Jede Frage wird auf ein kleines Kärtchen geschrieben. Der Stapel Karten wird gemischt und verdeckt in die Mitte eines Kleingruppen-Gesprächskreises gelegt.
Eine Person aus der Gruppe zieht die erste Karte, liest sie vor und nimmt auch als erstes zu der Frage Stellung. Danach wird die Frage zur Diskussion freigegeben. Es wird so lange diskutiert, bis das Thema nach Ansicht der Gruppe und der Gesprächsleitung erschöpfend behandelt wurde. Ziel dieser Übung ist es, die Mitglieder der Gruppe miteinander ins Gespräch zu bringen, nicht jedoch, alle Karten zu bearbeiten! Es kann dabei durchaus vorkommen, dass die Diskussion über eine Frage auch auf das Themengebiet einer späteren Frage übergreift, oder die Diskussion etwas vom eigentlichen Thema abdriftet.
Es hat sich bewährt, etwa 30 Sensis-Cards mit Fragen und Standpunkten als gute Basis für ein Gespräch bereit zu halten. Dann können Fragen, die weniger interessant sind, übersprungen werden.

Gespräch in Paaren
Diese Form der Aufarbeitung einer Fantasiereise bietet sich für gut miteinander vertraute Paare bei Themen mit persönlichen und privaten Inhalte an.

Außerdem bietet ein Gespräch unter vier Augen auch die Möglichkeit zum (besseren) Kennenlernen zweier Menschen, dann allerdings bei einem weniger vertraulichen Themengebiet. Auch bei Paar-Gesprächen kann mit Impulsfragen als Gesprächseinstieg gearbeitet werden. Hilfreich ist auch eine Liste mit Stichworten zum Thema, zu Unterthemen oder provokanten Statements. Aber auch der Austausch über Gedanken und Gefühle, die während der Übung präsent waren, kann eine gute Beschäftigung mit den Inhalten der Fantasiereise sein.

Schreibgespräch (Chat)
Gespräche können nicht nur mündlich geführt werden. Eine reizvolle und interessante Art und Weise, sich in der Gruppe über ein Thema zu unterhalten, ist das Schreibgespräch. Bei dieser Übung wird auf ein großes Stück Papier eine Impulsfrage oder eine Aussage geschrieben. Die Teilnehmer können dann Statements und Fragen zu dem Impuls auf das Plakat schreiben, weiter um das Plakat laufen, schauen, was andere geschrieben haben und dazu wieder Stellung nehmen. Bei der Übung sollte nicht gesprochen, nur geschrieben werden. Die Vorteile dieser Art, sich mit einem Thema zu beschäftigen, sind, dass alle Teilnehmer gleichzeitig zu Wort kommen können, dass alle Aussagen dokumentiert sind (und anschließend bei Bedarf auch nochmals im Gespräch aufgearbeitet werden können) und dass auch eher ruhigere Teilnehmer sich hierbei gut mitteilen können. Es ist auch möglich, Teilaspekte eines Themas auf unterschiedlichen Plakaten zu bearbeiten oder mehrere Themen gleichzeitig zu bearbeiten. Die Teilnehmer können dann frei zwischen den Plakaten wechseln.

Eine ähnliche Variante, die auf dem gleichen Prinzip basiert, sind „thematische Chats" und Fachforen. Diese aus dem Internet bekannten Formen der gemeinsamen Auseinandersetzung mit einem Thema können eben über das Internet, aber auch auf einem lokalen Netzwerk mit Computern (wie es in den meisten Schulen vorhanden ist) durchgeführt werden. Ziel ist es auch hier, dass jeder die Aussagen und Kommentare aller anderen einsehen und wieder kommentieren kann.

Einzelarbeit
Einige Fantasiereisen sind sehr offen formuliert und werden sehr individuell erlebt. Andere beschäftigen sich mit Erlebnissen aus der Vergangenheit oder mit der heutigen Lebenswelt des Teilnehmers. Gefühle, Erfahrungen, Handlungen und Situationen werden reflektiert und teilweise noch einmal durchgespielt. Bei solchen Fantasiereisen und bei Gruppen, in denen sich die Teilnehmer nicht sehr vertraut sind, ist Einzelarbeit oft die für die Teilnehmer angenehmste Art und Weise, sich mit den Inhalten der Fantasiereise auseinander zu setzen. Dazu werden alle Teilnehmer gebeten, sich im Zimmer oder im Raum einen Platz zu suchen oder einen kleinen Spaziergang zu machen. In dieser Zeit kann sich der Teilnehmer mit Inhalt und Wirkung der Fantasiereise beschäftigen, oder er kann Fragen und Gesprächsstoff zum Thema sammeln. Wer möchte, kann sich auch während dieser

Zeit einige Notizen machen. Hier bieten sich wiederum Impulsfragen an, um die Gedanken zu einem Thema tiefer gehen zu lassen.

Nach einer Zeit des Alleinseins bietet es sich an, eine kreative Ausdrucksmöglichkeit für Gedanken und Gefühle anzubieten.

Briefe oder Tagebuch schreiben

Eine weitere Möglichkeit, Eindrücke und Gedanken aus einer erlebten Fantasiereise zu verarbeiten, ist es, diese Gedanken in Worten zu Papier zu bringen. Bei Fantasiereisen, die sich beispielsweise mit dem Thema Freundschaft beschäftigen, bietet es sich an, die Fantasiereise als Anlass zu nehmen, um einem Freund einen Brief, eine Postkarte, eine Mail zu schreiben. Auch bei Übungen, die das Thema Familie oder konkrete Erlebnisse mit Menschen (vielleicht früheren Bekannten, Menschen zu denen man lange keinen Kontakt mehr hatte, etc.) reflektieren, können Briefe eine hervorragende Verarbeitungsmöglichkeit sein. Ob diese Briefe dann auch wirklich abgeschickt werden, ist der Entscheidung des Einzelnen überlassen.

Briefe können nicht nur andere Menschen als Adressanten haben. Eine sehr interessante (und manchmal recht witzige) Übung kann es sein, einen Brief an sich selber zu schreiben. Wenn der dann nach einigen Wochen erst verschickt wird (z.B. von der Gruppenleitung), wird man später im Alltag noch einmal mit den Gedanken, Gefühlen und Eindrücken der Fantasiereise konfrontiert.

Eine Variation dieser Übung ist der Brief an mich selbst in der dritten Person. Ich schreibe über mich, als wäre ich eine andere Person. Der (scheinbare) Abstand zu mir selbst kann zu überraschenden Einsichten führen.

Schreiben hilft, Gedanken zu ordnen und damit etwas Klarheit in den Wirrwarr von Gefühlen und Eindrücken zu bekommen. Das ist auch der Grund, warum viele Menschen Tagebuch schreiben. Für diese Menschen bietet sich ein Tagebucheintrag als Aufarbeitung des Erlebten in einer Fantasiereise an. Vielleicht ist die Fantasiereise für einige Menschen auch ein Einstieg in das Tagebuch-Schreiben und dieser Eintrag der erste von vielen.

Kreativarbeit

Da eine Fantasiereise kreative Arbeit innerhalb der Gedankenwelt und damit für die Mitmenschen nicht sichtbar ist, bietet es sich an, nach der Fantasiereise dieser Kreativität auch in der realen Welt Ausdruck zu verleihen. Dabei sind alle Arten der kreativen Ausdrucksmöglichkeiten denkbar:

Malen
Die gängigste und einfachste Variante ist das Malen von Erlebtem, der Ausdruck von Gefühlen, in abstrakter Art: in Farben und Formen oder in Bildern zum Thema. Man kann dafür Buntstift, Kreide, Filz- oder Wachsmalstift, mit Aquarellfarben, Wasser- oder Ölfarben, Graffiti, Kalligrafie-Utensilien usw. benützen.
Als Nacharbeit nach Entspannungs-Fantasiereisen bietet sich das Mandala-Malen an. Diese ursprünglich aus dem ostasiatischen Raum stammenden Muster sind auch bei uns inzwischen hinlänglich bekannt. Sie sollten (so die Philosophie) von außen nach innen gemalt werden, um damit zum eigenen Zentrum zu gelangen. Wenn die gemalten Kunstwerke dann fertig gestellt sind, lässt sich auch eine improvisierte Vernissage veranstalten. Die Gruppe kann dann die entstandenen Bilder interpretieren.

Plastisches Gestalten
Auch die bildenden Kunstformen eignen sich gut, um Fantasiereisen in plastischer Form nachzuarbeiten. Es bietet sich an, Skulpturen und Figuren aus Ton, Knete, Fimo oder Salzteig zu fertigen. Gebilde können auch aus Ästen, Metall, Müll, Papier, Blumen, Holz und vielem mehr gefertigt werden. Auch Arbeiten der ganzen Gruppe sind möglich: Wie wäre es denn mal mit einem Denkmal für die Freiheit, die Freundschaft oder gegen Fremdenfeindlichkeit, das aus einer Fantasiereise zu diesem Thema entstanden ist?

Musik
Musik (z.B. ein Song zu einem bestimmten Thema) kann gehört, interpretiert oder selbst gemacht werden. Dazu kann man dichten, reimen, rocken oder rappen. Der Kreativität sind wie immer keine Grenzen gesetzt. Wie würde sich wohl eine vertonte Fantasiereise anhören?

Szenisches Spiel und Rollenspiele
Auch szenisches Spiel kann sich an die Reise anfügen. Gerade, wenn es zum Beispiel in der Reise um das Entwickeln von neuen oder ungewohnten Handlungsalternativen, um das Ausprobieren von neuen Rollen ging, bietet es sich an, diese „gedachte Realität" in eine „gespielte Wirklichkeit" zu transformieren. Während es noch relativ „ungefährlich" ist, Handlungen in der Fantasie auszuführen, ist es ein weiterer und Mut erfordernder Schritt, diese Fantasie in ein (immer noch als Fiktion zu erkennendes) Theaterspiel umzusetzen. Während das alternative Verhalten oder die neue Rolle in der Gedankenwelt im eigenen Kopf noch ein reines Gedankenspiel ist, das von niemand beobachtet wird, erhält das Umsetzen in ein Theater- oder Rollenspiel eine ganz neue Qualität. In der Realität wird das neue Verhaltensmuster viel intensiver, mit allen Emotionen und mit allen Sinnen erlebt. Außerdem ist plötzlich ein Publikum vorhanden, das Einblicke in die persönliche Gedanken- und Gefühlswelt erhält. Deshalb sollte ein solches Aufarbeiten in Form eines Theater- oder Rollenspiels nur in Gruppen durchgeführt werden,

die über ein stabiles Fundament gegenseitigen Vertrauens und gegenseitiger Wertschätzung verfügen. Um den persönlichen Wert für den Protagonisten zu steigern, ist es sinnvoll, Theater- und Rollenspiele persönlich oder in der Gruppe zu reflektieren. Dadurch erhält der Spieler von der Gruppe ein Feedback und wird (wenn alles nach Wunsch verläuft) positiv verstärkt.
Nach dem großen und mutigen Schritt, seine Gedanken in einem Theaterspiel darzustellen, ist der Weg nicht mehr weit zum Versuch, das neue Verhalten, die neue Rolle dem persönlichen Verhaltensrepertoire hinzuzufügen.

Medien
Die Aufarbeitung einer thematischen Fantasiereise (das Thema kann auch „Entspannung" lauten) mit medialen Mitteln ist eine weitere, universell einsetzbare Variante der Nacharbeit.
Es können dabei wahlweise eher konsumierbare Medien zum Einsatz kommen: sich gemeinsam einen Film auf Video oder im Kino anschauen, eine Ausstellung besuchen, oder sich Songs zum Thema anhören; oder aber man entscheidet sich dafür, die Medien als „kreatives Werkzeug" zu benutzen. Plakate und Collagen können erstellt, Plakatwände gestaltet, eine Zeitung oder ein Artikel für die Zeitung kann geschrieben werden. Es kann ein Spiel- oder ein Dokumentarfilm zum Thema gedreht werden. In manchen Fällen liegt es nahe, eine Umfrage auf der Straße mit Mikrofon und Aufnahmegerät oder mit der Videokamera durchzuführen. Auch Computer und Internet bieten interessante Möglichkeiten, sich einem gewählten Thema zu nähern: Ob eine Powerpoint-Präsentation oder eine Homepage erstellt wird, mit einer Digitalkamera eine Foto-Story gestaltet wird, ob gemeinsam im Internet nach Fakten gesucht wird, oder ob man sich in einem Chat auf die Suche nach anderen Meinungen macht, der kreative Einsatz von Medien ist schier unbegrenzt. Nebenbei wird dadurch auch noch die Medienkompetenz der Teilnehmer gestärkt.

Orte besuchen

Viele Fantasiereisen „spielen" an Orten, die auch in der Realität existieren. Wenn beispielsweise eine Fantasiereise in einem Museum spielt, kann ein Besuch in einem realen Museum die Phase der Weiterarbeit abschließen, sogar wenn es in der Fantasiereise eigentlich um das Thema Selbstreflexion ging. Auch grüne Wiesen, Wälder, Berge, Fußgängerzonen, Kinos oder ein Flugplatz sind Orte, die oft Schauplatz einer Fantasiereise sind und die immer irgendwo in der Nähe auch real existieren. Wenn aber die Reise zum Meer, auf eine einsame Insel, auf den Mond oder in eine andere Dimension dann doch etwas zu aufwendig wäre, reicht vielleicht manchmal auch ein Film über die Örtlichkeit.

Eine interessante Variation dieser Idee ist das „**Naturexperiment**". Die Übung setzt voraus, dass es in erreichbarer Nähe ein Stück Natur gibt. Diese Wahrnehmungs- und Imaginationsübung beginnt, indem sich der Leiter der Gruppe einen Weg für einen Spaziergang sucht. Dabei macht er sich Notizen über kleine Besonderheiten auf diesem Weg (eine gelbe Blume, die rechts am Wegesrand blüht, eine Parkbank mit einer Inschrift, einen Baum mit einer auffälligen Astgabelung, einen besonderen Duft, Unebenheiten auf dem Weg, einen bestimmten Aus- oder Anblick etc.). Später wird die Gruppe dann dazu eingeladen, diesen Weg gemeinsam zu gehen. Es kann dabei auch Schweigen vereinbart werden. Der Leiter merkt sich bei diesem zweiten Spaziergang noch Begegnungen mit Menschen oder Tieren. Nach der Rückkehr wird dann eine Fantasiereise durchgeführt. Der Weg wird dabei in Gedanken noch einmal gegangen. Dem Leiter helfen nun die Notizen, um den Weg chronologisch mit einigen prägnanten Einzelheiten zu beschreiben. Im Anschluss können sich die Teilnehmer austauschen, Begebenheiten ergänzen und, wenn sie es wollen, den Weg ein drittes Mal ablaufen. Das Verblüffende an der Übung ist die Tatsache, dass sehr Vieles unserer Wahrnehmung entgeht, was an kleinen Besonderheiten um uns herum vorhanden ist.

Brainstorming

Um sich mit einem Thema zu befassen, für das durch eine Fantasiereise schon sensibilisiert wurde, kann auch die Methode des Brainstormings eingesetzt werden. Unter Brainstorming versteht man das freie Sammeln von Begriffen und Assoziationen zu einem Thema (oder auch von möglichen Lösungen für ein Problem). Jeder ruft einfach das, was ihm gerade durch den Kopf geht (und einigermaßen zum Thema passt). Dabei sind erst einmal alle Gedanken, seien sie auch noch so seltsam, erlaubt. Die Begriffe werden auf einem Plakat gesammelt. Die Gruppe sollte sich gerade am Anfang mit Bewertungen der Äußerungen zurückhalten. Eher ist es wünschenswert, dass Begriffe und Ideen von anderen aufgegriffen und weiterentwickelt werden. Nach einer ausführlichen Sammlungsphase wird das Ergebnis auf dem Plakat angeschaut. In dieser zweiten Phase werden die Begriffe geordnet, zusammengefasst und Unterthemen herausgearbeitet. Die Ergebnisse der zweiten Phase bilden die Basis für eine weitere Auseinandersetzung mit dem Thema mit Hilfe einer anderen Methode. Ging es bei dem Brainstorming um das Finden von Lösungen für ein Problem, werden jetzt die Ergebnisse auf ihre Realitätstauglichkeit hin überprüft, mögliche Konsequenzen dieser Lösungen erörtert und weitere Handlungsschritte geplant.
Eine etwas strukturiertere Form des Brainstormings ist das Sammeln von Begriffen und Assoziationen zu den Buchstaben des Alphabets. Dazu werden auf einem Plakat die Buchstaben des Alphabets in Spalten untereinander geschrieben. Die Gruppe oder Kleingruppen sollen jetzt zu jedem Buchstaben mindestens eine

Assoziation oder einen Begriff des Themenfeldes suchen. Natürlich kann dabei auch improvisiert werden.

Hierarchien bilden

Bei nahezu jedem Thema ist es möglich, die Wichtigkeit oder Unwichtigkeit abzustufen, Argumente für oder gegen ein Verhalten, oder auch eine aufbauende Struktur innerhalb des Themenkomplexes zu finden. Aus solchen „Sammel-Aktionen" können dann die „Top Ten" oder aufeinander aufbauende Pyramiden erstellt werden. Der Prozess, der zu einem solchen Ergebnis führt, sollte natürlich aus Diskussionen und Gesprächen über das Thema bestehen. Beispiele für solche Aktionen sind das Finden von dem, was in einer Partnerschaft oder einer Freundschaft wichtig ist, von Dingen, die der Mensch zum Leben braucht, von den Eigenschaften, die ein Partner, Freund, Streitschlichter, Lehrer, oder ein Vorbild haben sollte, Themen wie pro und contra Gruppenzugehörigkeit, Selbstreflexion, Zuwanderung, Toleranz, Mitleid, Hilfsbereitschaft, Esoterik, Religion, Entspannungsübungen, Individualität, Ablösung vom Elternhaus, Beschäftigung mit der Vergangenheit etc.

Relationen bilden

Bei dieser Art, sich mit einem Thema zu beschäftigen, geht es darum, Zustimmung oder Ablehnung zu einer These mitzuteilen. Im sprachlichen Bereich werden hierzu so genannte „skalierende Fragen" gestellt (z. B. „Wie hoch ist deine Motivation, einmal mit einem Fallschirm abzuspringen, wobei 1 bedeutet, dass du unter keinen Umständen, und 10 bedeutet, dass du auf alle Fälle einmal springen möchtest?" oder: „Welche Note würdest du dieser Fantasiereise geben?"). Unterschiedliche Meinungen oder Einschätzungen der Teilnehmer können dann wieder Grundlage für ein weiteres Gespräch sein.
Will man lieber im nicht-sprachlichen Bereich arbeiten, so wird beispielsweise ein „Mittelpunkt" definiert, der Zustimmung zu einer Aussage symbolisiert. Die Teilnehmer stehen im weiten Kreis um diesen Mittelpunkt herum. Der Leiter nennt eine Aussage (z. B. „Ich fand die Fantasiereise sehr anstrengend" oder „Urlaub ist Stress"); die Teilnehmer gehen daraufhin auf den Mittelpunkt zu und bleiben dort stehen, wo sie – in Relation zum Mittelpunkt – der Aussage zustimmen (Ablehnung der Aussage wird mit Stehenbleiben im Außenkreis signalisiert). Eine ähnliche Übung ist das „Barometer", bei dem am Boden eine Linie gezogen wird (mit Klebeband, Schnur oder Kreide), deren Enden die extremen Pole einer Meinung definieren. Es wird wieder eine Aussage gemacht und die Teilnehmer

ordnen sich auf der Skala entsprechend ihrer Meinung ein. Bei diesen nichtsprachlichen Übungen ist es aber auch möglich, sobald jeder seine Position gefunden hat, den Teilnehmern die Gelegenheit zu geben, sich zu ihrer Entscheidung zu äußern, oder mit einigen Teilnehmern kurze „Interviews" zu ihrer Entscheidung zu führen.
Ähnliche Übungen sind auch in Relation zu einer Wand, einem Baum, einem Gegenstand o. Ä. möglich. Für die Leitung ist es dabei wichtig, passende Aussagen zum Thema vorzubereiten.

Körperübungen

Nach einer Fantasiereise haben sich Geist und Körper normalerweise ausgeruht und erholt. Bei vielen Menschen besteht nach einer ausgiebigen Ruhephase das Bedürfnis, sich zu bewegen. Es kann daher sinnvoll sein, ein Actionspiel oder eine sportliche Übung nach einer Fantasiereise anzubieten. Gerade, wenn die Teilnehmer im Anschluss wieder wach und aktiv sein sollen, muss der Kreislauf richtig in Schwung gebracht werden.
Zugegeben, es ist eine recht brachiale Art und Weise, direkt an eine Fantasiereise mit einem actionbetonten Spiel anzuschließen. Das ist sicher auch nur für gewisse Zielgruppen die richtige Übung. Etwas sanfter sind dagegen Übungen aus dem Yoga, Tai-Chi oder die „5 Tibeter", also Körperübungen, die Muskeln und Sehnen dehnen und mit sanfter Gymnastik und Stretching den Kreislauf anregen.
Ein anderer Weg, einerseits die ruhige Stimmung einer Fantasiereise noch eine Weile zu erhalten, andererseits den Körper wieder zu vitalisieren, sind Massagen. Hier kann man je nach Geschmack und Zielgruppe zwischen Hand-, Gesichts-, Fuß- oder Ganzkörpermassage wählen. Es können auch Massagebälle, Öl oder sanfte Massagebürsten zum Einsatz kommen. Man kann sich selbst massieren, in Paaren, in kleinen Gruppen mit wechselnden Rollen oder in der ganzen Gruppe (z. B. wenn alle im Kreis stehen und jeder dem Vordermann den Rücken massiert).
In die gleiche Richtung gehen Vertrauensübungen, bei denen meistens der Einzelne auf die Sicherheit der Gruppe vertraut. Dabei werden zum Beispiel die Mitglieder einer Gruppe nacheinander auf Händen getragen oder gewiegt, oder Einzelne werden von allen anderen aufgefangen. In der einschlägigen Fachliteratur sind viele gute Vertrauensübungen für Gruppen zu finden. Diese Übungen sind meistens sehr körperbetont und berührungsintensiv, deswegen sollten sie nur in Gruppen durchgeführt werden, zwischen deren Mitgliedern eine gute Vertrauensbasis besteht. Auch hier muss die Freiwilligkeit der Teilnahme gewährleistet sein. Der Leiter muss sehr sensibel für eventuell ausgeübten Gruppendruck sein.

Über Erfahrungen berichten

Während es bei einigen Fantasiereisen durchaus sinnvoll sein kann, allgemein und theoretisch über das Thema zu sprechen, liegt es gerade nach Fantasiereisen mit einem hohen Selbstreflexions-Anteil nahe, die Teilnehmer dazu einzuladen, ihre Erfahrungen auf diesem Gebiet mit den anderen auszutauschen. Diese immer sehr subjektiven Einsichten sind Teil der Lebenswelt der Teilnehmer. Jeder Einzelne ist Experte für seine eigenen Erfahrungen, Gefühle und Erlebnisse. Diese Tatsache macht es leicht, darüber zu sprechen. Dabei ist allerdings zu beachten, dass bei „unverfänglichen" Themen (Urlaubserlebnisse, Sportarten, Hobbys, etc.) die Schwelle recht niedrig ist, sich zu äußern, während bei „privateren" Themen (Partnerschaft, Gewalterfahrung, Familienthemen etc.) hierfür eine Vertrautheit in der Gruppe vorhanden sein oder hergestellt werden muss. Eine vertrauensbildende Formel kann auch in diesem Fall der Satz sein, dass „alles, was in dieser Gruppe gesprochen wird, in dieser Gruppe bleiben soll".
Es ist dann folgerichtig zu fragen, ob die Teilnehmer eine vergleichbare Situation wie in der Fantasiereise bereits real erlebt haben, oder ob sie jemanden kennen, der ihnen etwas darüber erzählt hat. Ziele dieser Methode sind der Austausch von Informationen, die Horizonterweiterung, das bessere Kennenlernen der Teilnehmer untereinander oder die Hinführung zu einem Thema oder einer weiteren Methode.
Gerade bei reflexiven Fantasiereisen kann diese Methode dazu führen, eigenes Verhalten kritisch in den Blick zu nehmen, oder sich Feedback von den anderen Teilnehmern geben zu lassen.

Eine eigene Fantasiereise schreiben

Gerade, wenn Themen sehr speziell sind, wenn ein gemeinsames Erlebnis reflektiert oder in Erinnerung gerufen werden soll, oder wenn man als Anleiter eine besonders schöne, passende oder originelle Geschichte im Kopf hat, bietet es sich an, eine eigene Fantasiereise zu schreiben. Bewährt hat sich dabei, den Text vorher aufzuschreiben, oder sich Stichpunkte zu machen. Wer schon mehrere Fantasiereisen angeleitet hat, wird auch ein Gespür dafür bekommen haben, wie lange der Text sein muss oder darf.
„Fallen" bei selbstgeschriebenen Fantasiereisen sind oft doppeldeutige oder ungeschickte Formulierungen („Das Pferd hat einen langen Schwanz", „Dir wächst ein Baum aus dem Kopf"), die gerade bei Jugendlichen zu Lachanfällen führen können oder die Konzentration stören. Auch kann es passieren, dass der Text sehr lang und damit das Liegen des Fantasiereisenden ungemütlich wird.
Der logische Aufbau sollte erkennbar sein und allzu abstrakte Bilder sollte man lieber vermeiden. Metaphern und bildhafte Ausdrücke sind eher irritierend.

Ein fertiger Text lässt sich am besten überprüfen, wenn er von jemand anderem gelesen und reflektiert wird. Geübte Anleiter können dazu übergehen, einzelne Passagen bis hin zum kompletten Text der Reise frei zu formulieren.

Auch für Teilnehmer kann es eine interessante Möglichkeit sein, sich mit einem Themengebiet auseinander zu setzen, wenn darüber eine Fantasiereise verfasst werden soll.

Aufbrechen und wieder zurückkehren

Entspannungs- und Rückholphasen

**Aufbrechen und
wieder zurückkehren**

Atemhauch

Lege dich bequem auf den Boden.
Nimm nun den Boden ganz bewusst wahr.
Wenn du die Augen dazu schließt, wird es dir leichter fallen.
Mit geschlossenen Augen sind viele Eindrücke aus der Umgebung ausgeschaltet.
Die anderen Sinne werden dadurch viel stärker.
Versuche jetzt auch, dein Gehör und deinen Geruchssinn auszublenden.

Konzentriere dich bitte auf deinen Tastsinn.
Dein Tastsinn ist nicht nur in deinen Händen vorhanden,
sondern du kannst mit deinem ganzen Körper tasten und spüren.
Ertaste mit deinem Körper die Stellen,
an denen du mit der Unterlage in Verbindung bist.
Spüre die Festigkeit des Untergrundes und genieße die Sicherheit,
die dir dieses Getragen-Werden vermittelt.

Mit deinem Tastsinn kannst du auch das Innere deines Körpers erspüren.
Du kannst damit nach Regionen suchen,
in denen Muskeln angespannt, Sehnen gespannt sind,
oder in denen vielleicht ein störendes Gefühl vorhanden ist.
Taste nach solchen Stellen in deinem Körper.

Wenn du sie gefunden hast,
dann stelle dir vor, du könntest diese Stelle anhauchen,
könntest diese Gefühle mit einem warmen und weichen Atemhauch vertreiben.
An manchen Stellen kann es auch sein, dass du einige Male deinen Atemhauch
einsetzen musst.

Lasse die warme Luft deines leisen und zarten Atemhauches
befreiend und entspannend durch deinen Körper fließen.
Vertreibe alle störenden Gefühle,
lasse alle Verspannungen und Anspannungen sich lösen
und im ganzen Körper ein wohltuendes Gefühl der Harmonie sich verbreiten.

Gehe dann mit allen Sinnen auf eine Reise in deiner Fantasie.

[Fantasiereise]

Komme jetzt langsam wieder zurück.
Entdecke deine Sinne, erspüre deinen Körper,
höre auf die Geräusche um dich herum,
werde langsam wieder wach.

Atme dann ein- oder zweimal tief ein und aus und lasse die frische Luft
in deinen Körper strömen und die Trägheit aus deinem Körper vertreiben.
Wenn du dann ganz wach bist, dann setze dich wieder auf.

Stille aufnehmen

Lege dich bitte bequem auf den Boden.
Schließe die Augen und lockere deine Muskeln.
Wenn deine Augen geschlossen sind,
wirst du bemerken, dass deine anderen Sinne stärker werden.

Konzentriere dich jetzt auf dein Gehör.
Nimm ganz bewusst die Geräusche um dich herum wahr.
Höre, welche Geräusche sich hier im Raum befinden:
Die Musik,
das Rascheln von Kleidung,
Atemgeräusche der anderen oder ein Räuspern.

Nimm auch Geräusche wahr, die von außerhalb des Raumes kommen.
Nun versuche, die Stille, die hinter all den Geräuschen existiert, wahrzunehmen;
diese Stille, die immer vorhanden ist,
die aber oft verdeckt wird,
und manchmal dann doch aus dem Klangteppich auftaucht.

Manchmal kann man Stille mehr spüren als hören.
Es ist eine besondere Art der Wahrnehmung, die Stille erkennt.
Suche jetzt nach diesen Augenblicken der Stille.
Fange sie ein mit deiner Aufmerksamkeit und stelle dir vor,
du könntest sie in deinen Körper leiten.

Lasse diese Stille in deinen Körper einkehren,
die unter all den Geräuschen verdeckt vorhanden ist.
Lasse diese Stille sich langsam in deinem Körper ausbreiten, sich Raum nehmen.
Die Stille bewirkt ein tiefes Gefühl des Friedens,
der Ausgeglichenheit,
der Entspannung in dir.

Nimm immer mehr dieser Stille auf und stelle dir dabei vor,
wie sie sich ganz langsam in deinem ganzen Körper verbreitet.
Bis in die entferntesten Regionen.
Tiefer Frieden und Ausgeglichenheit breiten sich aus.

Bis in die Zehen, die Finger, bis in deine Haarspitzen.
Dann breche aus dieser Ruhe heraus auf zu einer Reise in deiner Fantasie.

[Fantasiereise]

Komme mit deiner Fantasie jetzt wieder hier in den Raum zurück.
Nimm ganz bewusst deinen Körper wahr:
wie er auf dem Boden aufliegt,
erfüllt ist mit Ruhe und Frieden.

Dann konzentriere deine Aufmerksamkeit auf die kleinen Geräusche um dich herum und auf die Musik.
Lasse diese Geräusche deinen Körper sanft, aber sicher wieder aufwecken.
Stelle dir vor, wie die Stille sich aus deinem Körper wieder zurückzieht
und der Aktivität Platz macht.
Beobachte diesen Vorgang,
bis du dich wieder wach und vital fühlst und dich aufsetzt.

Ruhe und Gelassenheit

Lege dich bitte in einer für dich angenehmen Liegeposition auf den Boden.
Wenn du dich auf den Rücken legst,
die Beine parallel nebeneinander und die Arme neben dem Körper,
dann empfindest du das wahrscheinlich als angenehm.
So kann man es auch einige Zeit aushalten,
ohne dass irgend etwas zwickt oder drückt.

Schließe dann die Augen und lasse Ruhe in deinen Körper einkehren.
Lenke deine Gedanken, deine Aufmerksamkeit jetzt ganz auf deinen Körper.
Sei ganz bei dir, in dir, ruhe in dir selbst.

Nimm deinen Atem wahr.
Wie er gleichmäßig kommt und geht,
kommt und geht,
kommt und geht.
Dein Atem kommt und geht ruhig und gleichmäßig.
Lasse mit deinen gleichmäßigen Atemzügen immer mehr Ruhe
und Gelassenheit sich in deinem Körper ausbreiten.
Muskeln entspannen sich,
Verspannungen lösen sich,
der Atem fließt ruhig und gleichmäßig.

Immer mehr Ruhe und Gelassenheit nehmen sich den Raum in deinem Körper.
Entspannung kannst du als ein Gefühl der Schwere und der Wärme
in deinem Körper wahrnehmen.
Stelle dir jetzt vor, wie sich dein Körper langsam,
nach und nach immer mehr mit Schwere und Wärme füllt.
Schwere und Wärme entfalten sich,
breiten sich im ganzen Körper aus,
in allen Regionen:
in den Beinen und Füßen,
in Schultern, Armen und in den Händen.
Bis dein ganzer Körper von Ruhe und Gelassenheit,
von Schwere und Wärme erfüllt ist.

Dann löse deine Aufmerksamkeit und lasse deine Gedanken treiben.

[Fantasiereise]

Komme jetzt mit deiner Aufmerksamkeit wieder zu deinem Körper zurück.
Nimm die Umgebung hier bewusst wahr.
Die Musik, meine Stimme.
Nimm deinen Körper wahr, wie er auf dem Boden liegt.

Lenke deine Aufmerksamkeit auf deinen Atem,
wie er ruhig und gleichmäßig kommt und geht.
Stelle dir vor, wie du mit jedem Atemzug immer mehr
die Schwere aus deinem Körper vertreibst.

Es ist Zeit, den Körper wieder zu aktivieren,
ihn zu bewegen,
sich zu strecken,
zu gähnen
und sich von der Schwere zu befreien.

Wenn du dann wieder so weit bist, setze dich auf und schaue dich um.

Kerzenlicht

Lege dich bitte auf den Rücken,
die Augen geschlossen,
die Hände neben dem Körper,
die Beine ausgestreckt.

Stelle dir diesen Raum, in dem du liegst, vor:
den Platz, an dem die Kerzen brennen.
Stelle dir vor, wie dieses warme, weiche Kerzenlicht den ganzen Raum erfüllt,
wie die Luft erfüllt ist von diesem sanften, orangefarbenen Licht.

Es mag für dich vielleicht eine etwas seltsame Vorstellung sein,
aber stell dir vor,
du könntest dieses Licht mit deinem Atem in deinen Körper aufnehmen.
Mit jedem ruhigen und gleichmäßigen Atemzug
nimmst du etwas mehr von diesem warmen, weichen Kerzenlicht
in deinen Körper auf.

Dieses Licht bewirkt eine tiefe Ruhe und Entspannung in dir.
Stell dir vor, wie sich dieses warme, weiche Kerzenlicht
in deinem Körper langsam ausbreitet,
wie es die Dunkelheit vertreibt.

Stell dir vor, dass es langsam mit jedem ruhigen und gleichmäßigen Atemzug
deinen Bauchraum ausfüllt,
wie es sich in deinen Beinen ausbreitet,
in den Waden,
in den Füßen,
in den Fußspitzen;
wie es langsam deine Schultern erfüllt –
warmes, weiches Kerzenlicht.
Es füllt deine Arme –
und wenn es deine Hände füllt,
kannst du ein leichtes Kribbeln in den Hand-Innenflächen spüren.
Ein wohliges Kribbeln, das durch dieses Kerzenlicht verursacht wird.

Stell dir vor, dass sowohl dein ganzer Körper
als auch der ganze Raum um dich herum
von diesem warmen Kerzenlicht erfüllt ist.

[Fantasiereise]

Werde dir jetzt wieder deines Körpers bewusst,
der hier in diesem Raum, in der Wirklichkeit, auf dem Boden liegt.

Erinnere dich an das Kerzenlicht,
das deinen Körper und den Raum erfüllt.
Stelle dir jetzt vor, dass du dieses Licht wieder ausatmest
und es sich in die kleine Flamme der Kerze zurückzieht.

Nimm statt dessen frische Luft auf,
die deinen Körper wieder aufweckt.
Spüre den Drang nach Bewegung
in deinen Armen,
in den Beinen
und im Kopf.
Gib diesem Drängen nach und bewege dich.

Öffne dann wieder die Augen
und nimm dir Zeit dafür, dich wach und erholt zu fühlen.

Formel

Lege dich bitte auf den Boden
und suche dir eine für dich angenehme Liegeposition.
Schließe dann die Augen.

Höre auf die Musik
und lasse deine Gedanken schweifen.
Lasse Gedanken aus deinem Unterbewusstsein einfach auftauchen.
Versuche nicht, deine Gedanken zu lenken,
sondern lasse dich überraschen,
was an Bildern, an Szenen, an Ideen und Gedanken
vor deinem inneren Auge auftaucht.

Dieses Phänomen, das du gerade erlebst, nennt man einen Tagtraum.
Lasse deine Gedanken durch diesen Tagtraum fliegen,
deine Aufmerksamkeit vom Strom deiner Gedanken mitreißen.
Nimm dir dafür einen Augenblick Zeit.

Lenke deine Aufmerksamkeit dann auf deine innere Stimme.
Jeder Mensch hat die Fähigkeit, innerlich zu sprechen.
Sprich dir jetzt innerlich den Satz:
„Ich bin ruhig und entspannt" vor.

Durch diese innere Stimme kannst du dich selbst
und deinen Körper beeinflussen.
Sage den Satz noch einmal
und bemerke,
wie sich daraufhin dein Körper zu entspannen beginnt,
wie sich deine Gedanken zu beruhigen beginnen.

Dieser Satz ist eine Formel, die immer stärker wird,
je öfter sie innerlich ausgesprochen wird.

Wiederhole jetzt die Formel:
Ich bin ruhig und entspannt.
Ich bin ruhig und entspannt.
Ich bin ruhig und entspannt.

Die wohltuende Wirkung der Formel wird immer stärker.
Deine Gedanken beruhigen sich,
deine Muskeln und Sehnen entspannen sich.

Spüre die Entspannung in deinem ganzen Körper.
Fühle bis in die Fingerspitzen,
bis in die Zehen,
bis in die äußeren Schichten deiner Haut:
Überall ist angenehme Entspannung spürbar.

Kehre dann mit deiner Aufmerksamkeit zu deinem Tagtraum zurück
und lasse dort ein Bild entstehen.

[Fantasiereise]

Erinnere dich, dass diese Bilder, dieses Erlebnis, ein Tagtraum waren,
der sich vor deinem inneren Auge abgespielt hat.

Lenke jetzt deine Gedanken zurück auf deinen entspannten Körper.
Stelle dir deine gelockerten Muskeln vor.
Setze jetzt eine weitere Formel ein,
die Ruhe und Entspannung wieder aus deinem Körper löst
und ihn aufweckt.

Sage dir mit deiner inneren Stimme:
Ich bin wach und aktiv
Ich bin wach und aktiv
Ich bin wach und aktiv

Spüre, wie die entspannende Schwere
aus deinen Muskeln und Sehnen
verschwindet
und du den Drang verspürst, dich zu bewegen.
Gib diesem Drängen nach.
Bewege dich, strecke dich, werde wach und aktiv.

Muskelentspannung

Lege dich bitte auf den Boden.
Bringe dich in eine angenehme Liegeposition,
in der du es einige Zeit aushalten kannst.
Dann schließe die Augen.

Höre auf die Musik, die den Raum erfüllt.
Diese Musik hat eine lösende, eine entspannende Wirkung.
Versuche, die entspannende Wirkung dieser Musik zu erspüren.
Stelle dir vor, wie diese Musik in deinem Körper ihre Wirkung entfaltet,
wie sie bewirkt,
dass sich Anspannungen in den Muskeln lösen,
dass Verspannungen mit den Klängen der Musik davongetragen werden.

Lasse sich dieses befreiende Gefühl der Entspannung
von deinem Bauchraum aus
langsam im ganzen Körper ausbreiten.
Gib dieser Entspannung Raum.

Spüre die Wirkung in den Beinen,
spüre, wie sich die Muskeln mit dem Klang der Musik entspannen.
Erspüre, wie sich Sehnen entspannen und Nerven beruhigen.
Lasse sich eine tiefe Ruhe und Gelassenheit ausbreiten.
Spüre diese Wirkung bis hinab in die Füße.

Lasse die Musik auch in deinen Schultern wirken,
in denen oft Verspannungen zu finden sind.
Verspannung zeigt sich darin, dass Muskeln sich ganz hart anfühlen.
Die Musik bewirkt, dass sich diese Muskeln entspannen,
weich und warm anfühlen.

Erspüre die lösende und befreiende Wirkung der Entspannungsmusik,
bis auch in deine Hände und Finger diese Entspannung eingekehrt ist.

Gewähre der Musik dann auch Einlass in deine Gedankenwelt.
Lasse sie wie einen Schleier,
wie leichte, warme Luft
durch deine Gedanken schweben
und auch hier die befreiende und lösende Wirkung entfalten.

Dann lasse die Musik in den Hintergrund treten
und schicke deinen freien und gelösten Geist auf eine Reise.

[Fantasiereise]

Komme jetzt mit deinen Gedanken wieder in diesen Raum zurück.
Nimm wieder ganz bewusst die Musik wahr, die hier im Raum schwebt.
Stelle dir vor,
dass diese Musik deinen Körper sanft und langsam
wieder aus seinem schlafähnlichen Zustand weckt,
ihn langsam und schonend wieder aktiviert.

Du kannst dann die belebende Wirkung spüren
und verspürst auch den Drang,
dich nach dieser langen Zeit des Liegens wieder zu bewegen.
Gib diesem Drang nach,
bewege dich, strecke dich, öffne die Augen und setze dich wieder auf.

Schwerkraft

Lege dich bitte ausgestreckt auf dem Boden.
Verabschiede dich mit deinen Gedanken und mit deiner Aufmerksamkeit
von der Welt um dich herum
und lenke deine Gedanken auf deinen Körper.
Stelle ihn dir vor:
Wie er da auf dem Boden liegt,
wie langsam die Ruhe in ihn einkehrt
und wie er sich entspannt.

[Kurze Pause]

Du weißt sicher, dass auf alles, was auf der Erde existiert,
die Schwerkraft einwirkt.
Eine Kraft, die alles am Boden hält.
Eine Kraft, mit der die Erde Menschen und Dinge zu sich zieht.
Sie verleiht ihnen damit Halt und Sicherheit.

Stelle dir jetzt vor, die Erde würde an dem Punkt, an dem du auf ihr liegst,
die Schwerkraft ganz sanft und langsam stärker werden lassen.
Der Effekt, der dabei entsteht, fühlt sich an,
als ob du langsam, aber sicher immer schwerer würdest.

Versuche diesen Effekt zu fühlen.
Erst ist er kaum bemerkbar,

aber ganz allmählich wird er immer stärker.
Nach und nach erhöht sich die Schwerkraft,
langsam wirst du schwerer
und bist immer mehr und immer sicherer mit der Erde verbunden.

Lass dich so schwer werden,
dass du dich ganz als Teil des Bodens,
als Teil der Erde spürst:
fest mit ihr verbunden;
sicher von der Kraft der Erde, von der Schwerkraft, gehalten.

Wenn du dich jetzt sicher und geborgen durch die Schwerkraft fühlst,
dann verlasse mit deiner Aufmerksamkeit wieder deinen Körper
und schicke deine Gedanken auf die Reise.

[Fantasiereise]

Lenke jetzt deine Gedanken wieder ganz auf deinen Körper.
Konzentriere dich auf die Schwere, die ihn erfüllt.
Stelle dir jetzt vor, wie die Erde die Schwerkraft, die auf deinen Körper einwirkt,
wieder langsam zurücknimmt.
Das Gefühl der Schwere verflüchtigt sich allmählich
und du spürst, wie das Bedürfnis, dich zu bewegen, in deinen Körper kommt.
Gib diesem Bedürfnis nach und bewege dich.
Bewege die einzelnen Teile deines Körpers, bis du wieder wach und vital bist.
Wenn es soweit ist, dann setze dich wieder auf.

Solarplexus

Mache es dir so richtig bequem.
Du solltest so liegen, dass keine Gliedmaßen gekrümmt oder geknickt sind,
damit das Blut ungehindert durch die Adern fließen kann.
Wenn ein Geldbeutel oder ein Schlüsselbund unangenehm drückt,
dann nimm ihn heraus und lege ihn zur Seite.

Schließe jetzt die Augen
und bleibe mit deiner Aufmerksamkeit ganz bei dir,
ganz bei deinem Körper.

Ziemlich genau in der Mitte des Oberkörpers gibt es einen Bereich,
der „das Sonnengeflecht" oder „der Solarplexus" genannt wird.

Stelle dir vor, dass du immer dann, wenn du an der Sonne warst,
etwas von der Energie der Sonne,
von ihrer Wärme und ihrem Licht in deinem Solarplexus gespeichert hast.
Bei jedem Sonnenbad im Sommer,
bei jeder Gelegenheit, bei der du Sonnenstrahlen
auf deinem Körper gespürt hast,
wurde ein winziger Teil dieser Energie in deinem Solarplexus gespeichert.

Jetzt kannst du diese Energie aktivieren:
Stelle dir eine winzige Sonne vor,
die in der Mitte deines Oberkörpers,
im Solarplexus, im Sonnengeflecht, zu leuchten beginnt.
Erst ganz wenig, wie eine Kerze,
dann immer stärker leuchtet die kleine Sonne
und verbreitet ihr Licht und ihre Wärme im ganzen Körper.

Es dauert seine Zeit, bis die Wärme spürbar wird.
Es dauert, bis die Wärme und das Licht
in die entfernten Regionen deines Körpers,
bis in die Füße, die Zehen,
bis in die Hände und Finger vorgedrungen ist.
Nimm dir diese Zeit und lasse deinen Körper sich mit dem Licht
und der Wärme deiner Sonne im Solarplexus füllen.

[Kurze Pause]

Bringe deinen Körper innerlich zum Leuchten.
Dann lasse dieses Licht, diese Wärme, auch deine Gedanken erfassen.
Lass die Welt deiner Gedanken in hellem Licht erstrahlen.
Wenn dein Körper und die Welt deiner Gedanken dann ganz
von diesem Sonnenlicht erfüllt sind,
dann kannst du mit deiner Fantasie diesen Raum verlassen.

[Fantasiereise]

Komme jetzt mit deiner Fantasie wieder in diesen Raum zurück.
Erinnere dich an das Sonnenlicht,
das von deinem Solarplexus aus deinen ganzen Körper erfüllt.

Stelle dir jetzt vor, dass diese Sonne ihr Licht langsam reduziert.
Die Wärme bleibt,
aber das Licht in deinem Körper wird schwächer.
Es wechselt von gelb zu orange bis rot

und zieht sich dann wieder ganz in das Sonnengeflecht
in der Mitte deines Oberkörpers zurück.

Lasse deinen Körper jetzt wieder aus seinem Ruhezustand erwachen.
Bewege die Hände, die Finger, die Füße und den Kopf.
Lasse dir Zeit, dich zu reaktivieren
und öffne, wenn es dir angenehm ist, wieder die Augen
und setze dich dann auf.

Harmonisches Summen

Schließe bitte die Augen und höre auf die Musik, die den Raum erfüllt.
Konzentriere deine Aufmerksamkeit auf die Musik,
bündele deine Konzentration in deinem Gehör.
Lasse dir Zeit dazu, die Melodie der Musik zu erkunden.
Nimm Töne wahr, Tonfolgen,
erspüre den Rhythmus, der die Musik begleitet.
Manchmal muss man eine Weile hinhören, um Feinheiten zu entdecken.
Gib dir diese Zeit.

[Kurze Pause]

Alle diese Töne sind Vibrationen, die im Lautsprecher entstehen
und die sich in Wellen durch die Luft bewegen.
Diese bewegte Luft lässt dein Trommelfell im Ohr leicht schwingen
und du hörst einen Ton,
eine Melodie,
einen harmonischen Wohlklang.

Stelle dir vor, wie es wäre,
wenn sich diese harmonischen, wohlklingenden Töne
von deinem Ohr aus weiter in den Körper verbreiten könnten.
Du kannst den Effekt als erstes im Kopf spüren.
Winzige angenehme Vibrationen erzeugen ein Gefühl,
das sich wie ein leichtes Summen anfühlt.

Das harmonische, entspannende Summen
breitet sich langsam in deinem Körper aus.
Die Harmonien der Musik verbreiten sich in deinen Muskeln,
deinen Sehnen,
deinen Nerven.

Beobachte, wo du als nächstes dieses angenehme Summen wahrnimmst.
Lasse nach und nach dein Körperinneres
sich mit diesem Summen vollständig füllen:
die Arme bis in die Hände, bis in die Finger;
den Oberkörper,
den ganzen Brustkasten,
den Bauchraum, den Unterkörper;
die Beine hinab,
die Oberschenkel, die Waden, bis in die Füße:

Überall ist nun das angenehme harmonische Summen der Vibrationen
zu spüren.
An manchen Stellen kannst du es deutlich spüren,
woanders ist es kaum wahrnehmbar.
Lasse dich von diesem angenehmen, harmonischen Gefühl in Besitz nehmen.
Spüre das befreiende Gefühl, das durch dieses Summen entsteht.
Dann tauche ein in das Reich deiner Fantasie.

[Fantasiereise]

Komme jetzt mit deiner Fantasie wieder zurück.
Tauche wieder auf in der Wirklichkeit.
Höre wieder die Musik und meine Stimme
und erinnere dich an das harmonische Summen,
das überall in deinem Körper vorhanden ist.

Lasse dieses Summen jetzt langsam verklingen.
Lasse das leichte Vibrieren immer weniger werden,
bis du es nicht mehr spürst.

Öffne dann die Augen und lasse die Eindrücke
wieder deine Aufmerksamkeit fesseln.
Werde wach und aktiv.

Ommm

Wenn du dich bequem hingelegt und es dir richtig gemütlich gemacht hast,
dann lade ich dich zu einem kleinen Gedankenexperiment ein:

Bestimmt hast du schon irgendwann einmal gesehen,
wie Mönche in Tibet sich in Meditation versetzen.

Sie setzen sich im Schneidersitz nieder,
schließen die Augen,
falten die Hände
und sagen mit leiser Stimme „Ommm".

Stelle dir jetzt vor, wie es sich anfühlen würde,
wenn du ein entspannendes „Ommm" sagen würdest.
Benutze dafür deine innere Stimme.
Wenn du dir vorstellst, wie sich das in deinem Brustkorb anfühlen würde,
wird deine Fantasie dieses Gefühl entstehen lassen.

Lasse dieses Gefühl des tiefen, zarten Brummens
in deinem Oberkörper entstehen
und lasse es dann lange und gleichmäßig leiser werden,
bis es ganz verklungen ist.

Dieses Brummen hat den Effekt,
dass alle Muskeln im Körper gelockert werden
und sich ein tiefes Gefühl der Entspannung einstellt.

Sage dir diesen Ton innerlich noch ein mal vor
und versuche, ihn lange zu halten.
Du kannst dabei ganz normal weiteratmen.
Der Ton entsteht in deinen Gedanken.

Du kannst ihn bei jedem Einatmen lauter
und bei jedem Ausatmen wieder etwas leiser werden lassen.

Das Brummen breitet sich langsam im ganzen Körper aus,
bringt Ruhe und Frieden in alle Teile deines Körpers,
lässt Muskeln sich entspannen
und verbreitet ein tiefes Gefühl der Harmonie.

Diese meditative Stimmung ist die beste Voraussetzung,
um auf eine Fantasiereise zu gehen.

[Fantasiereise]

Komme jetzt von deiner Fantasiereise zurück.
Lasse die Eindrücke und Bilder hinter dir
und mache dir wieder bewusst,
dass du hier in diesem Raum
auf dem Boden liegst.

Komme mit deinen Gedanken wieder ganz hier an.
Nimm dir ruhig einen Augenblick Zeit dazu.

Lasse dann das kaum noch wahrnehmbare Brummen in deinem Körper
allmählich ausklingen
und bringe deinen Kreislauf behutsam wieder in Schwung.
Bewege Hände, Beine und Kopf,
öffne die Augen,
dehne dich, gähne, wenn es dir danach ist.

Wenn du wieder ganz wach bist, dann setze dich auf.

Seifenblasen

[Vorbereitung: Während die Musik im Hintergrund läuft und die Teilnehmer schon auf dem Boden sitzen, erzeugt der Leiter Seifenblasen, die in der Mitte des Raumes schweben.]

Bitte schaue dir diese Seifenblasen an,
beobachte, wie sie langsam – fast schwerelos – schweben und zu Boden sinken.
Sieh dir die perfekte runde Form an
und die bunten, schillernden Farben,
die sich auf der hauchzarten Oberfläche bewegen.
Präge dir alles möglichst genau ein.

Schließe dann die Augen, lege dich bequem hin
und lasse die Seifenblasen in deiner Vorstellung
weiterhin schwerelos durch diesen Raum schweben.

Stelle dir dann vor, dass dein Körper beginnt,
die Seifenblasen wie magisch anzuziehen.
Wie von einem sanften Wind getragen,
schweben die Seifenblasen auf deinen Körper zu.

Allerdings zerplatzen sie nicht, sondern sie schweben immer weiter,
von unsichtbaren Kräften in der Luft gehalten.
Ganz langsam sammeln sich immer mehr schillernde Blasen um deinen Körper.

Dann beginnen die Seifenblasen,
sich zu verbinden und zu einer einzigen, großen Blase zu werden.
Diese Blase hüllt deinen Körper vollständig ein.

In ihrem Inneren gelten die Gesetze der Natur nicht mehr.
Du beginnst einige Zentimeter nach oben zu schweben.
Die große Seifenblase umhüllt dich wie ein sicherer Kokon.

Hier in ihrem Inneren kann man die bunten Farben der Oberfläche
viel intensiver erleben
und ihre wärmende und entspannende Wirkung auf den Körper erspüren.
Fühle die entspannende und sichere Atmosphäre im Inneren der Seifenblase.

Beobachte, wie sich Muskeln entspannen,
wie Kraft zu Ruhe,
wie Anspannung zu Freiheit,
wie Verspannung zu Wärme wird.

Bemerke, wie deine Gedanken sich beruhigen,
wie sie weniger werden und dafür klarer, reiner, leichter.
Lasse die wohltuende Wirkung des Seifenblasen-Kokons
seine volle Wirkung entfalten.

[Fantasiereise]

Kehre jetzt wieder zurück in diesen Raum.
Sieh deinen Körper in der großen Seifenblase schweben.
Kehre mit deinen Gedanken in deinen Körper,
in deine eigene Gedankenwelt zurück.

Stelle dir jetzt vor, wie der Seifenblasen-Kokon
sich langsam auf den Boden absenkt,
deinen Körper fast unmerklich wieder auf dem Untergrund ablegt,
und wie sich die große Seifenblase wiederum in sehr viele kleine Blasen teilt,
die sich danach in die Luft erheben.

Wenn du jetzt die Augen öffnest,
kannst du vielleicht noch ein paar Reste dieser Seifenblasen entdecken.

[Es werden vom Anleiter wieder Seifenblasen erzeugt.]

Klangschale

[Für diese Entspannungs- und Rückholphase wird eine Klangschale benötigt. Der Anleiter lässt die Klangschale einige Male ertönen, während die Teilnehmer schon mit geschlossenen Augen auf dem Boden liegen. Die Entspannungsmusik wird erst mit Beginn der eigentlichen Fantasiereise eingeblendet.]

Höre bitte auf das Geräusch der Klangschale.
Nimm wahr, wie es entsteht und wie es langsam wieder leiser wird.
Wenn du genau hinhörst, wirst du bemerken,
dass dieses Geräusch aus Schwingungen besteht.
Lasse dir Zeit, um diese Schwingungen im Klang zu bemerken.

Stelle dir diese Schwingungen wie Energiewellen vor,
die von der Klangschale aus sich in den ganzen Raum verteilen.
So wie sich Wellen in einem See verbreiten,
wenn ein Stein hineingeworfen wurde.

Diese Energiewellen haben eine entspannende und befreiende Wirkung.
Sie entspannen Muskeln und lösen auch die Spannung in Sehnen.

Stelle dir vor, wie die Schwingungen der Klangschale deinen Körper umspülen,
wie sie ihn einhüllen,
wie sie langsam zu deinen Muskeln und Sehnen vordringen
und dort ihre entspannende und befreiende Wirkung entfalten.

Stelle dir vor, wie dein Körper sanft mit diesen Wellen mitschwingt,
wie er beinahe klingt,
wie er zu einem Teil dieser Klangwellen wird.
Lasse dir einen Moment Zeit, um dich an diese Vorstellung zu gewöhnen.

Lasse deinen Körper im Klang der Wellen schwingen.
Spüre die Schwingungen mit jeder Faser deines Körpers.
Lasse deinen Körper vollkommen zu einem Teil der Schwingung werden
und fühle die entspannende und befreiende Wirkung,
die diese Vorstellung auf ihn hat.

Lasse dann den Klang der Schale in deine Gedanken vordringen.
Stelle dir vor, wie er alle aktuellen Gedanken mit seinen Wellen langsam abträgt.
Dabei werden die Gedanken zu einem Teil der Klangwellen.
Spüre auch hier die Befreiung, die dieser Vorgang mit sich bringt.
Lasse deine Gedanken abdriften, wegspülen,
sanft von den Wellen mit sich nehmen.

Wenn du dann mit Körper und Gedanken
zu einem Teil der Klangwellen geworden bist,
wenn du dich diesen Schwingungen angeglichen hast
und dich sanft auf ihnen wiegen lässt,
dann lasse die Töne der Klangschale in den Hintergrund treten,
höre auf die Musik, die langsam entsteht
und lasse dich von ihr mit auf eine Reise nehmen.

[Musik einblenden, Klangschale ausklingen lassen.]

[Fantasiereise]

*[Musik langsam ausblenden, Klangschale wieder erst leise,
dann etwas lauter ertönen lassen.]*

Höre nun noch einmal auf die Töne der Klangschale.
Lasse diesmal ihren Klang deinen Körper wieder aufwecken.
Stelle dir vor, wie deine Lebensgeister neu erwachen,
wie die Klangschale alle Partien des Körpers munter macht
und die Gedanken wieder in Schwung bringt.

Wenn das geschehen ist, dann öffne die Augen und setze dich hin.

Discokugel

Lege dich bitte bequem auf den Rücken.
Wenn du eine angenehme Liegeposition gefunden hast,
dann schließe die Augen und versuche, ruhig zu werden.

Stelle dir dich selbst vor, wie du hier liegst.
Ruhig, mit geschlossenen Augen, entspannt auf dem Boden.
Dann stelle dir vor,
das Licht hier in diesem Raum würde langsam immer weniger werden,
bis du fast vollständig im Dunkeln liegst.

Jetzt schalten sich rechts und links an den Wänden
zwei kleine Scheinwerfer an
und werfen einen schmalen Lichtstrahl auf eine Diskokugel,
die viele kleine Spiegel auf ihrer Oberfläche hat.
Das Licht wird von den Spiegeln tausendfach reflektiert
und überall im Raum sind jetzt kleine Lichtpunkte zu sehen.

Dann beobachte, wie die Spiegelkugel beginnt,
sich ganz langsam, ganz träge zu drehen.
Die Lichtpunkte fangen damit auch an, sich zu drehen.
Bis der ganze Raum erfüllt ist von kleinen Lichtpunkten,
die sich langsam im Kreis bewegen.

Auch über deinen Körper hinweg bewegen sich immer wieder
jede Menge dieser kleinen Lichtpunkte.
Lenke deine Aufmerksamkeit jetzt wieder auf deinen Körper.
Stelle dir vor, du könntest diese Lichtpunkte auf deiner Haut spüren.
Wie ein kaum spürbarer warmer Lufthauch gleiten sie über dich.
Diese Lichtpunkte verursachen ein angenehmes Gefühl
der Schwere und Wärme in deinem Körper.

Versuche dir vorzustellen,
dass diese Lichtpunkte langsam bis in das Innere deines Körpers
scheinen könnten,
dass sie durch dein Körperinneres streichen
und deinen Körper ganz langsam lichtdurchlässig werden lassen –
bis du für das Licht der Spiegelkugel keinen Widerstand mehr bietest
und sich die Lichtpunkte in gleichmäßigen Bahnen über den Boden bewegen.

Dann schicke deine Gedanken aus diesem Zustand der Entspannung
auf die Reise.

[Fantasiereise]

Komme jetzt in Gedanken wieder in diesen Raum zurück.
In diesen Raum, in dem du meine Stimme hörst,
in dem die Lichtpunkte der Spiegelkugel noch immer langsam ihre Bahnen
durch den Raum und durch deinen Körper ziehen.

Lasse nun die Lichtdurchlässigkeit deines Körpers enden
und versuche, die Lichtpunkte noch einmal auf deiner Körperoberfläche zu spüren.
Gib diesen Lichtpunkten jetzt eine vitalisierende, eine aufweckende Wirkung.
Stelle dir vor, wie sie deinen Körper nach und nach aus dem Schlaf-Zustand
wieder in die Wachheit zurückbringen.

Dann stelle dir vor, wie die Lichtpunkte blasser werden
und schließlich ganz verschwinden.
Wenn du dann ganz wach und erholt bist,
kannst du die Augen wieder öffnen,
dich recken und strecken wie nach dem Schlafen und dich aufsetzen.

Bunter Schatten

Lege dich bitte bequem auf den Boden.
Schließe die Augen und entspanne dich.
Nimm dir Zeit, um Ruhe in deinen Körper
und deine Gedanken einkehren zu lassen.
Bleibe ganz bei dir,
ganz in deiner eigenen Gedankenwelt,
ganz in deinem Körper.
Werde ruhig und gelassen.

Stelle dir vor, wie das aussieht,
du hier auf dem Boden liegend, mit geschlossenen Augen.
Betrachte deinen Körper, der auf dem Boden liegt.

Lenke deine Aufmerksamkeit jetzt auf deinen Schatten,
der unter deinem Körper entstanden ist,
der sich genau unter deinem Körper befindet.
Stelle dir vor, dass auf dem Dunkelgrau des Schattens
kleine bunte Farbtupfer entstehen,
die langsam größer werden.

Verschiedene leuchtende Farben erscheinen,
die ineinander verschwimmen,
miteinander verschmelzen, sich überlagern
und wieder neue Farben entstehen lassen.
Bis dein ganzer Schatten ein leuchtender und bunter Körperumriss
von dir geworden ist.

Lasse die Farben deines Schattens jetzt hell erleuchten,
lasse sie Wärme und Ruhe auf deinen Körper ausstrahlen.
Bemerke die Wärme und Ruhe,
die langsam überall in deinem Körper spürbar wird:
in deinem Oberkörper,
in den Beinen, den Waden, den Füßen,
in deinen Schultern, den Armen und den Händen.

Überall bewirken die Farben deines Schattens,
dass sich Wärme und Ruhe in deinen Muskeln und Nerven ausbreiten.
Sei ganz von dieser Wärme und Ruhe erfüllt.

Dann tauche mit deinen Gedanken in die Farben ein
und lasse dich auf eine Reise mit deiner Fantasie ein.

[Fantasiereise]

Erinnere dich jetzt an deinen bunten Schatten,
durch den du in diese Welt gelangt bist.
Stelle ihn dir noch einmal mit seinen Farben
und seiner beruhigenden Ausstrahlung vor.
Dann beschließe, mit deinen Gedanken
wieder aus dem bunten Schatten aufzutauchen
und dich dann in deinem Körper zu befinden.

Lasse jetzt die Farben des Schattens verblassen
und ihn zu seinem natürlichen Grau zurückkehren.

Dann aktiviere langsam deinen Körper.
Beginne ganz außen an den Händen und Füßen.
Bewege sie leicht, lasse sie wach werden.
Dann wecke auch den Rest deines Körpers auf.

Wenn du wieder frisch und munter bist, dann öffne die Augen und setze dich auf.

Sphäre aus Wärme und Licht

Lege dich bitte auf den Rücken und schließe die Augen.
Versuche innerlich ruhig zu werden.

Suche nach einem Punkt in deinem Körper,
in dem du eine tiefe Ruhe und Gelassenheit verspürst.
Ein solcher Punkt ist oft dadurch gekennzeichnet,
dass es sich dort warm und schwer anfühlt.

Wenn du diesen Punkt gefunden hast, dann stelle dir vor,
du könntest diesen Punkt
in eine kleine Sphäre aus Wärme und Licht verwandeln.
Stelle sie dir wie eine kleine Sonne vor,
die sich in einer durchsichtigen Blase befindet.
Jetzt ist die Ruhe und Gelassenheit
in eine Sphäre aus Wärme und Licht eingepackt.

Lenke nun deine Aufmerksamkeit auf deine Atmung.
Atme ruhig und gleichmäßig einfach weiter.
Nimm dein Atmen bewusst wahr.

Stelle dir jetzt vor, du könntest deinen Atem zu der kleinen Sphäre,
die den ruhenden Punkt in deinem Körper umhüllt, umleiten.
Sanft umspielt der Lufthauch deines Atems die kleine Sphäre.
Dadurch wird die Sphäre langsam größer.

Ruhe und Gelassenheit breiten sich damit weiter in deinem Körper aus.
Atme beständig ruhig und gleichmäßig
zu der Sphäre aus Wärme und Licht hin
und lasse die Sphäre dadurch allmählich weiter wachsen.
Stelle dir vor, wie sie schließlich die Grenzen deines Körpers überschreitet
und dich in einem Kokon aus Wärme und Licht schweben lässt.

[Pause]

Wenn du nun ganz und gar von Ruhe und Gelassenheit erfüllt bist,
dann gehe mit deiner Fantasie, mit deinen Gedanken auf die Reise.

[Fantasiereise]

Kehre nun in Gedanken wieder in die Gegenwart zurück.
Stelle dir wieder die Sphäre aus Wärme und Licht vor,
in der du wie in einem Kokon schwebst.

Mit der Kraft deiner Gedanken kannst du die Sphäre jetzt auflösen,
kannst zusehen, wie sich Wärme und Licht in der Luft verteilen
und wie magischer Staub verflüchtigen.

Lasse angenehme Kühle auf deiner Haut entstehen
und beginne dann dich zu bewegen.
Drehe den Kopf,
bewege die Finger und die Hände,
winkle die Beine an,
dehne die Sehnen und spanne die Muskeln an.

Vertreibe die Reste der Schläfrigkeit aus deinem Körper.
Wenn du dich wieder wach und frisch fühlst,
dann setze dich auf und schaue dich um.

Wandern in Gedanken-Welten

Fantasiereisen

Wandern in Gedanken-Welten

Südseestrand

Thema
Erholung und Entspannung

Ziel
Zum Genießen

Fragen
- Warum ist Alleine-Sein so entspannend?
- Welche Umgebung fördert bei dir das Gefühl von Erholung und Entspannung?

Tipps zur Weiterarbeit
- Den Papagei malen
- Bedingungen für einen idealen Urlaub sammeln
- Ein gemeinsames Bild des Strandes (mit allen Stationen) malen. Dabei sollte nicht gesprochen werden.

[Einleitungs- und Entspannungsphase]

Versetze dich bitte in deinen Gedanken an einen einsamen Sandstrand.
Stelle dir deine Füße vor, wie es sich anfühlt, im Sand zu stehen.

Dann blicke auf und schaue dich am Strand um.
Der Strand scheint sich zu beiden Seiten schier endlos auszudehnen.
Im Sand sind keine menschlichen Spuren zu entdecken,
nur Spuren, die Wind und Wellen auf ihm hinterlassen haben.
Der Sand ist fast strahlend weiß und feinkörnig.
Stelle dir vor, wie es sich anfühlt, auf diesem Sand barfuss zu laufen.

Irgendwo entdeckst du einen Strohhut,
den du dir als Schutz gegen die Sonne auf den Kopf setzt.
Du kannst jetzt am Strand entlanggehen.
Deine Fußspuren sind die einzigen Spuren an diesem Strand.
Versuche dir vorzustellen, wie die Sonn dir angenehm die Haut wärmt,
spüre den samtigen Wind, der um deinen Körper streicht.

Schaue dir das Meer an,
auf dem ganz weit entfernt einige Segelschiffe vorbeiziehen.
Etwas näher kannst du spielende Delfine beobachten.

Der Himmel über dem Meer und über dem Strand ist makellos blau.
Einige Möwen fliegen über dem türkisblauen Wasser
und tauchen ab und zu nach Fischen.

Fühle dich ganz in diese Urlaubsatmosphäre ein,
in diese paradiesische Landschaft.
Versuche, die Leichtigkeit und Freiheit zu spüren,
die man an einem solchen Ort spüren kann.

[Kurze Pause]

Auf deinem Strandspaziergang gelangst du dann zu einer Gruppe von Palmen.
Setze dich in ihren Schatten.
Lehne dich an einem Stamm an und schaue auf das Meer hinaus.
Die großen Blätter der Palme wiegen sich leicht im sanften Wind
und lassen Schatten auf deiner Haut tanzen.
Mit der Hand kannst du in den Sand greifen und ihn langsam
durch die Finger wieder auf den Boden rieseln lassen.

Die Palmen, unter denen du sitzt,
sind das Zuhause eines bunten Papageis.
Er hat dich schon bemerkt
und kommt neugierig von oben herabgeflogen.
Noch scheu und ängstlich landet er einige Meter von dir entfernt
und schaut zu dir herüber.

Versuche, sein Vertrauen zu gewinnen.
Es scheint dir zu gelingen, denn der Papagei kommt vorsichtig näher zu dir.
Dann hat er seine Angst überwunden und er setzt sich auf deine Hand.
Seine Krallen fühlen sich rau auf deiner Haut an.

Jetzt kannst du zusammen mit dem Papagei weiter am Strand entlangziehen.
Der Papagei fliegt ab und zu davon, fliegt um dich herum,
kehrt dann aber immer wieder zu dir zurück
und lässt sich auf deiner Schulter nieder.

[Kurze Pause]

Irgendwann scheint es so, als wollte er dir etwas zeigen.
Er fliegt zu einer Gruppe von Palmen, die in der Nähe des Strandes wachsen.
Du folgst ihm dorthin und entdeckst, dass sich oben zwischen den Stämmen,
nahe den Baumkronen, ein Baumhaus befindet.
Der Papagei ist schon nach oben geflogen und wartet auf dich.

Klettere jetzt an der rauen Oberfläche der Palme nach oben,
setze dich und genieße den Ausblick auf das Meer.
Beobachte, wie sich die Sonne allmählich dem Horizont nähert,
wie sich der Himmel zuerst orange und dann rot verfärbt –
bis die Sonne den Horizont berührt und langsam darin versinkt.

Dann ist die Zeit des Abschieds gekommen.
Verabschiede dich jetzt von dem Papagei,
der dann zurück zu seiner Palme fliegt.
Verlasse dann auch du mit deinen Gedanken diesen Strand.

[Rückholphase]

Yacht

Thema
Entspannung und Spaß

Ziel
Zum Genießen

Fragen
- Welchen Luxus gönnst du dir?
- Was wäre leichter, wenn du reich wärst?
- Wie verhältst du dich im Kreis deiner Freunde und Bekannten?
- Verhältst du dich anders, wenn du alleine bist?

Tipps zur Weiterarbeit
- Sich gegenseitig schöne Urlaubserlebnisse erzählen
- Eine Party vorbereiten

[Einleitungs- und Entspannungsphase]

Stelle dir in Gedanken einen Liegestuhl vor,
der auf dem Sonnendeck einer luxuriösen Yacht steht.
Du bist allein an Bord
und die Yacht befindet sich ganz weit draußen auf dem Meer.
Du kannst es dir in diesem Liegestuhl jetzt so richtig bequem machen
und dich sonnen.

Stelle dir vor, dass neben dem Liegestuhl eine Sonnenbrille liegt
und ein kühles Getränk steht.
Setze die Brille auf und nimm einen Schluck aus dem Glas.
Du kannst jetzt diesen Luxus genießen,
während die Yacht sich sanft auf den Wellen hin- und herbewegt.

Betrachte den blauen Himmel
und spüre die Sonnenstrahlen, die deinen ganzen Körper wärmen.
Das Licht auf dem Meer ist so klar und intensiv,
dass seine Energie bis ins Körperinnere zu spüren ist.

[Kurze Pause]

Erspüre einen warmen, leichten Sommerwind,
der dir sanft durch die Haare weht,
der leicht über deine Haut streichelt.
Höre auf das plätschernde Geräusch der Wellen,
die träge an die schneeweißen Außenwände der Yacht schlagen.
Genieße dieses Gefühl von Erholung, von Luxus, von Urlaub und Ferien.

[Kurze Pause]

Dann stehe aus dem Liegestuhl auf
und erkunde den Innenraum der Yacht.
Schaue dir alle Zimmer und alle Kojen an.

[Kurze Pause]

Komme dann wieder zurück an Deck in die Sonne.
Diese Yacht ist ein Teil deiner Fantasie.
Deshalb kannst du sie auch mit der bloßen Kraft deiner Gedanken
starten und steuern.
Stelle dir jetzt vor, wie der Motor anspringt
und ein leichtes Vibrieren zu bemerken ist.

Konzentriere dich darauf, wie es sich anfühlt,
in der Sonne zu stehen,
während sich die Yacht ganz langsam bewegt.
Du kannst ihre Geschwindigkeit und die Richtung, in die sie fährt,
mit deinen Gedanken bestimmen:
Du steuerst die Yacht mit deinem Willen!
Jede Veränderung in Geschwindigkeit oder Richtung
wird von der Yacht sofort ausgeführt.

Gehe dann auf dem Sonnendeck ganz nach vorne, bis zur Spitze der Yacht.
Dorthin, wo sich die Reling befindet,
die verhindert, dass man ins Wasser fällt.
Wenn du von hier aus nach unten schaust,
siehst du, wie der elegante Bug der Yacht
das tiefblaue Wasser teilt.

Stelle dich dann aufrecht hin.
Breite deine Arme aus und schließe die Augen.
Fühle den Fahrtwind,
der dir durch die Haare weht,
dem du mit deinem Körper trotzt.
So ähnlich muss es sich anfühlen, wenn man fliegt!

[Kurze Pause]

Dann entdeckst du am Horizont eine Insel.
Steuere deine Yacht auf den Hafen zu.
Wenn du angekommen bist, dann suche dir einen Ankerplatz.
Lege an und betritt das Land.

In diesem kleinen Ort am Meer
haben viele deiner Freunde und Bekannten auf dich gewartet.
Stelle dir vor, wie sich diese Menschen hier am Hafen um dich versammeln.
Du begrüßt sie alle
und lädst sie ein, auf deine Yacht zu kommen.
Lasse dich überraschen, wer alles hier im Hafen auftaucht,
um dich auf deiner Yacht zu besuchen.
Langsam füllt sich die Yacht mit Menschen.

Wenn schließlich alle an Bord sind,
dann lege wieder ab und fahre ein Stück weit hinaus aufs Meer.
Hier kannst du zusammen mit deinen Freunden und Bekannten
die untergehende Sonne und die Lichter der Hafenstadt betrachten.

Lasse dann den Abend mit einer kleinen Party ausklingen.

[Rückholphase]

Die fliegende Scheibe

Thema
Fliegen, Sonne, Wasser

Ziel
Zum Genießen

Fragen
- Wie oder womit bist du schon einmal geflogen?

Tipps zur Weiterarbeit
- Ein Aquarium im Zoo besuchen

[Einleitungs- und Entspannungsphase]

Stelle dir vor, dass du auf dem Boden liegst.
Deine Augen sind geschlossen,
deine Arme und deine Beine sind weit ausgebreitet.

Stelle dir jetzt vor, du könntest einen perfekten Kreis um deinen Körper ziehen
und diesen Kreis in einer Platte aus dem Boden lösen.

Langsam schwebt die runde Scheibe mit dir nach oben.
Zentimeter für Zentimeter schwebst du weiter nach oben.
Du spürst immer noch den Untergrund,
auf dem du mit ausgebreiteten Armen liegst,
aber die Scheibe hat sich vom Boden gelöst
und schwebt in einer kurzen Distanz über der Erde.

Jetzt beginnt die schwebende Scheibe, auf der du liegst,
sich wie ein Plattenspieler ganz langsam zu drehen.
Das alles geschieht wie in Zeitlupe
in einer sehr ruhigen und meditativen Art und Weise.

Versuche dir vorzustellen, wie es sich anfühlt,
langsam im Kreis zu schweben,
die Ruhe um sich herum zu spüren,
völlig ruhig und entspannt auf der schwebenden Scheibe zu liegen.

[Kurze Pause]

Lasse dann die Kreisbewegungen allmählich auslaufen
und schwebe wieder ruhig mitten in der Luft.

Schwebe mit der Scheibe ins Freie.
Drehe die Scheibe in die Sonne.
Du bist fest mit der Scheibe verbunden.
Es kann dir nichts passieren.

Spüre die Wärme der Sonne auf deinem Körper.
Lasse diese Wärme bis unter deine Haut vordringen.
Spüre der Wärmeenergie bis tief ins Körperinnere nach.
Die Wärme sorgt für zusätzliche Ruhe und Zufriedenheit
in deinem ganzen Körper.
Sei offen für diese Wärme,
stelle dir vor, du könntest sie ganz bewusst bis in dein Innerstes einlassen.
Die Sonne ist eine Naturkraft.
Spüre ihre wohltuende und heilende Wirkung.

[Kurze Pause]

Drehe die Scheibe, auf der du liegst, wieder in die ursprüngliche Lage zurück.
Lasse dich zusammen mit der Scheibe
von einem leichten Sommerwind wegtreiben.
Sanfte Windböen wehen dich wie in Wellen immer weiter voran.
Wenn du irgendwann einmal nach unten blickst, wirst du feststellen,
dass du an den Strand des Meeres geweht worden bist.

Unter dir ist ein einsamer Strand und das spiegelglatte, ruhige Meer zu sehen.
Das Wasser schimmert türkisblau,
der Sand ist feinkörnig und strahlend weiß,
am Strand wachsen Palmen und exotische Pflanzen
und über allem spannt sich ein strahlend blauer Himmel
mit der wärmenden Sonne.

Schwebe mit deiner Scheibe ein Stück aufs Meer hinaus
und lasse dich sanft auf dem Wasser landen.

Stelle dir dann vor, du könntest die Scheibe, auf der du dich befindest,
in Glas verwandeln, das auf dem Wasser wie ein Boot schwimmt.
Nimm dir Zeit für diese Verwandlung.
Die Fantasie muss sich erst daran gewöhnen.
Beobachte, wie mehr und mehr das Blau des Wassers durchschimmert,
bis du schließlich mit einer gläsernen Scheibe auf dem Meer schwimmst.

Durch das Glas kannst du sehen, was sich unter der Wasseroberfläche abspielt.
Beobachte Fische, die im Meer schwimmen.
Stelle dir vor, dass ganz bunte und exotische Fische zu sehen sind.
Sie schwimmen alleine oder in großen Schwärmen
unter deiner Glasscheibe vorbei.

Einige scheinen zu bemerken, dass an diesem Ort etwas anders ist,
und kommen neugierig näher,
betrachten sich die Scheibe genauer
und ziehen dann weiter, um neue Dinge zu entdecken.

Du kannst dir auch vorstellen,
dass Delfine oder Robben unten vorbeischwimmen.
Wenn du ihre Aufmerksamkeit erregst,
kannst du sie sogar zu dir locken
und sie am Rand deiner schwimmenden Scheibe streicheln.
Nimm dir Zeit, dieses Erlebnis auszukosten.

[Kurze Pause]

Nimm dann von den Delfinen, den Robben und den Fischen Abschied
und lege dich wieder mit ausgestreckten Armen und Beinen auf die Scheibe.
Lasse sie sanft und sicher vom Wasser wieder abheben
und in Richtung des Strandes fliegen.

Fliege den Weg, den du gekommen bist, zurück,
bis du wieder hier ankommst.
Suche nach der kreisrunden Stelle im Boden,
aus der du deine fliegende Scheibe herausgelöst hast.

Lande sanft und langsam haargenau in dieser Form.
Die Scheibe und der Boden außen herum berühren sich nicht.
Wenn du dann gelandet bist,
schließe die kleine Fuge zwischen deiner Scheibe und dem Boden wieder.

[Rückholphase]

Eisläufer

Thema
Winter

Ziel
Zum Genießen

Fragen
- Wann warst du das letzte Mal im „Rausch der Geschwindigkeit"?

Tipps zur Weiterarbeit
- Einen Winterspaziergang machen
- Zum Schlittschuhlaufen oder Inlineskaten gehen

[Einleitungs- und Entspannungsphase]

Versuche dich jetzt bitte an einen wunderschönen Wintertag zu erinnern.
Draußen liegt Schnee,
aber der Himmel ist strahlend blau und die Sonne scheint.
Stelle dir vor, wie du an diesem wunderschönen Tag zu Fuß unterwegs bist,
um das schöne Wetter und den Tag zu genießen.
Du hast dich dick eingepackt, damit dir angenehm warm ist,
und du spürst die wärmende Kraft der Wintersonne.

Du bist unterwegs zu einem Fluss.
Die Landschaft, durch die du läufst, ist mit leuchtendem, weißem Schnee
bedeckt und Schneekristalle glitzern in der Sonne.

Erinnere dich an das Gefühl, auf frischem Schnee zu laufen.
Höre die Geräusche, die dabei entstehen.
Genieße ausgiebig diesen Winterspaziergang.

[Kurze Pause]

Komme dann in die Nähe des zugefrorenen Flusses.
Wenn du angekommen bist, schaue über seine spiegelglatte Oberfläche.
Du bist hier an einer ganz einsamen Stelle des Flusses.
Es ist noch kein Kratzer, noch keine Spur
auf der perfekt glatten Oberfläche zu sehen.
Hier waren noch keine Menschen, seit der Fluss zu Eis erstarrt ist.

Nimm jetzt deinen Rucksack vom Rücken und packe die Schlittschuhe aus.
Prüfe mit deinen Fingern ihre geschliffenen Kufen und ziehe sie dann an.
Betrete jetzt das feste Eis des Flusses.

Mit deinen Schlittschuhen fährst du mühelos und ungehindert
über das glatte Eis.
Mit einigen wenigen Schritten kommst du in Fahrt
und gleitest leicht und elegant über das Eis.
Gleite in weiten Bögen,
fast ohne Widerstand, ohne Anstrengung.
Probiere es aus, wie es sich anfühlt,
wenn du rückwärts fährst,
wenn du springst und abhebst und graziös wieder landest,
wenn sich das Gleiten fast wie Fliegen anfühlt.
Schwebe mit Eleganz über das Eis
und genieße das Gefühl der Freiheit.

[Kurze Pause]

Lasse dich dann ausgleiten.
Nun beschleunige deine Fahrt flussabwärts.
Nimm richtig Anlauf, hole kräftig Schwung, um in Fahrt zu kommen.
Werde schneller und steigere deine Geschwindigkeit noch einmal.
Dann lasse dich gleiten.
Genieße die Geschwindigkeit und beobachte,
wie die Landschaft an dir vorbei fliegt.

[Kurze Pause]

Wenn du dein Tempo dann wieder etwas reduzierst und langsamer wirst,
kannst du in einiger Entfernung von dir
einen schmalen Seitenarm des Flusses entdecken.
Biege in diesen Seitenarm des Flusses ein
und folge ihm zurück in Richtung seiner Quelle.

Gleite durch einen märchenhaften Winterwald.
Die Sonne scheint durch schneebedeckte Bäume und Äste
und lässt Schneekristalle magisch glitzern.
Komme dann an einem gefrorenen Wasserfall an,
der wie ein Eispalast aus dem Fluss ragt.
Hohe Säulen und Wände aus Eis
ragen aus der spiegelglatten Oberfläche des Flusses heraus.
Wie ein Wunder der Natur ist dieser Eispalast entstanden.

Zwischen den Säulen aus Eis kannst du den Palast betreten,
dich durch das Innere des gefrorenen Wasserfalles gleiten lassen.
Im Inneren herrscht ein zauberhaftes Licht,
das entsteht, wenn Sonnenlicht durch das Eis scheint.
Schwebe fast schwerelos auf dem Eis langsam und staunend durch den Eispalast.
Lasse dich von seiner märchenhaften Einzigartigkeit verzaubern.

[Kurze Pause]

Dann verlasse den Eispalast wieder
und lasse die Fahrt mit den Schlittschuhen
langsamer und immer langsamer werden.
Bis du schließlich stehen bleibst.
Schließe dann die Augen und beginne mit deiner gedanklichen Rückreise.

[Rückholphase]

Paraglider

Thema
Fliegen, Element Luft

Ziel
Zum Genießen

Fragen
- Wann bist du schon einmal geflogen?
- Was fasziniert Menschen am Fliegen?
- Wie groß ist deine Lust, selbst mit einem Gleitschirm zu fliegen?
- Was hindert dich daran, einen Gleitschirmflug zu machen?

Tipps zur Weiterarbeit
- Zu einer Bergwanderung aufbrechen
- Nach einer erholsamen Pause weiterarbeiten

[Einleitungs- und Entspannungsphase]

Begib dich in Gedanken an den Beginn einer Wanderschaft.
Stelle dir vor, dass du dir einen Rucksack aufsetzt

und bei strahlendem Sonnenschein auf einen Berg wandern wirst.
Du startest und schon bald führt dich dein Weg langsam immer höher,
vorbei an Felsen, über Wiesen und durch einen Wald.

Dein Schritt ist sicher und du kommst gut und zügig voran.
Die Luft ist klar, die Sonne wärmt angenehm
und je höher du kommst, desto weiter kannst du blicken,
desto grandioser wird die Aussicht.
Achte auf die Natur um dich herum, auf Bäume, Sträucher und Blumen.
Vielleicht kannst du auch einige Tiere entdecken, die hier leben.

Irgendwann hast du eine saftig-grüne Bergwiese erreicht.
Sie ist das Ziel deiner Wanderung.
Jetzt kannst du dich ins Gras legen und dich vom Aufstieg ausruhen.
Lasse dich von der Sonne bescheinen,
genieße den sanften, kühlen Wind
und die fantastische Aussicht, die man von diesem Hochplateau aus hat.

[Kurze Pause]

Dann öffne deinen Rucksack und entfalte einen bunten Gleitschirm.
Lege den glänzenden Stoff einige Meter hinter dich
und befestige die Seile an einem Sicherheitsgurt, den du dir anschnallst.
Nun stelle dich aufrecht an die leicht nach unten abfallende Wiese und warte,
bis sich der Wind in deinem Gleitschirm verfängt und ihn sanft aufbläht.
Der Wind nimmt etwas zu und der Gleitschirm füllt sich ganz mit Luft.

Eine leichte Windböe bringt den Schirm dazu, vom Boden abzuheben
und wie ein Drachen langsam höher zu steigen.
Du kannst den Zug an den Seilen und an deinem Sicherheitsgurt bemerken.
Sanft, ganz sanft und langsam spürst du,
wie dein Körper vom Boden hochgehoben wird:
Du hebst sachte ab.

Wie in Zeitlupe schwebst du über dem Boden,
steigst langsam immer höher.
Dann drehst du den Schirm in den Wind
und schwebst langsam den Hang hinunter.
Lasse dich sanft nach unten gleiten, um Schwung zu holen,
um in sicherer Höhe weg vom Berg über das Tal zu schweben.

Genieße das Gefühl, fliegen zu können,
die Welt unter dir aus der Perspektive eines Vogels betrachten zu können.

Schwebe in meditativer Ruhe mit deinem Gleitschirm hoch in der Luft,
genieße die Freiheit und die Ruhe
und lasse dich vom Schirm leicht durch den Himmel tragen.

[Kurze Pause]

Du kannst deinen Gleitschirm auch steuern.
Er wird sich perfekt deinen Körperbewegungen anpassen.
Fliege an Stellen, die du dir genauer betrachten möchtest,
an besonders schöne Stellen hier im Tal.
Schwebe ruhig und entspannt,
genieße die Aussicht und das Gefühl, zu fliegen.

Beginne dann in ruhigen, großen und runden Flugbahnen
dich nach unten zu schrauben.
Nähere dich langsam wieder dem Boden. Steuere eine große Wiese an.
Lasse dich dann ganz langsam und sicher auf den Boden zugleiten.
Lande schließlich sanft und federnd auf der weichen Wiese.
Spüre wieder den festen Boden unter den Füßen
und die Schwere deines Körpers.

Deinen Gleitschirm kannst du dann abschnallen.
Mit beiden Beinen stehst du auf der Erde,
spürst die Verbundenheit mit ihr.
Blicke dann noch einmal zurück in die Berge
und suche den Platz an dem du gestartet bist.
Dann verlasse diese Wiese im Tal in den Bergen
und mache dich gedanklich auf den Rückweg.

[Rückholphase]

Sonnenwärme

Thema
Sonne, Wärme

Ziele
„Energie-Tanken", Wärme-Aufnehmen, zum Genießen

> **Fragen**
> - Welche Auswirkungen hast du während der
>   Fantasiereise in deinem Körper bemerkt?
> - Wie „tankst" du emotionale Wärme auf?
> - Wer ist deine „Sonne im Leben"?
> - Welche Gefühle verursachen Sonne und Wärme bei dir?
>
> **Tipps zur Weiterarbeit**
> - Sich gemeinsam etwas Gutes gönnen
> - Ein solarbetriebenes Radiogerät bauen (Bauanleitungen gibt es in diversen Bastelbüchern)

[Einleitungs- und Entspannungsphase]

Begib dich mit deinen Tagtraum-Gedanken auf eine grüne Sommerwiese.
Stelle dir vor, dass du dort im Gras liegst
und die Wolken am Himmel beobachtest.
Schaue zu, wie sie sich langsam und träge
über das Blau des Himmels hinwegschieben,
wie sich kleine Teile von ihnen in der Sonne auflösen.

[Kurze Pause]

Spüre die Sonne, die deine Haut erwärmt.
Stelle dir vor, dass du diese Wärme der Sonne
mit deiner Haut absorbieren könntest.
Die Wärme der Sonne ist eine ganz natürliche und starke Energie,
die das Leben auf der Erde erst ermöglicht.
Du kannst diese Sonnenenergie in das Innere deines Körpers weiterleiten,
kannst die Wärme in Regionen deines Körpers leiten,
in denen du diese Wärme als besonders angenehm empfindest.
Stelle dir vor, wie sich dort langsam immer mehr Wärme ansammelt.

Erinnere dich: Du liegst auf der Sommerwiese,
genießt es, in den Himmel zu schauen,
spürst die Wärme der Sonne auf der Haut und absorbierst diese Energie.
Spüre nach, wie du die Wärme allmählich bemerken kannst.
Erst ist sie kaum zu fühlen, dann – langsam, ganz langsam – wird es warm.

Die Wärme wird stetig mehr.
Langsam kommt immer mehr Sonnenenergie nach,
die diese kleine Wärmequelle in deinem Körper versorgt

und sich langsam ausbreiten lässt.
Beobachte und genieße diesen Vorgang in aller Ruhe.
Lasse dir Zeit dafür.

[Kurze Pause]

Du kannst dieser wärmenden Sonnenenergie auch eine Farbe geben.
Denke dir, dass die Sonnenstrahlen, wenn sie durch deine Haut scheinen,
ihre Farbe von strahlendem Gelb in ein warmes, leuchtendes Rot wechseln.

Jetzt kannst du dir die Stelle in deinem Körper, an die du die Energie leitest,
als kleinen roten Punkt,
als winzige rote Sonne vorstellen,
die sanft ihr Licht verströmt.
Diese kleine rote Sonne wird immer neu mit Energie
aus der großen gelben Sonne versorgt.

Beobachte und erspüre, wie sich das rote Licht
in deinem Körper langsam ausbreitet.
Stelle dir vor, wie die kleine rote Sonne ihre Energie
in den ganzen Körper sendet,
wie dein Inneres in rotes Licht getaucht wird.

Wenn du dann genügend Wärme und Sonne in deinen Körper geleitet hast,
dann genieße es noch eine Weile, auf der Sommerwiese zu liegen,
die Wolken zu beobachten,
die Atmosphäre dieser Situation auszukosten,
dich an deinen positiven Gefühlen zu freuen.

[Kurze Pause]

Verlasse dann die Sommerwiese und komme aus deinem Tagtraum
hier in diesen Raum zurück.

[Rückholphase]

Schwerelosigkeit

Thema
Element Luft, Leichtigkeit

Ziel
Zum Genießen

Fragen
- Bei welchen Tätigkeiten fühlst du dich leicht und schwerelos?
- Welche Fähigkeiten machen dich einzigartig?

Tipps zur Weiterarbeit
- Mit Helium gefüllte Luftballons aufsteigen lassen
- Vertrauensübung: Sich mit geschlossenen Augen auf eine am Boden ausgebreitete Decke legen, die Decke dann von anderen vorsichtig anheben und leicht schwingen lassen. Dabei entsteht ein Gefühl, als würde man fliegen.

[Einleitungs- und Entspannungsphase]

Stelle dir in deiner Fantasie einen Ort im Freien vor, an dem du öfters bist.
Begib dich nun dorthin und fühle dich dort ein.
Lasse an diesem Ort die Sonne scheinen und einen leichten Wind wehen.
Es ist angenehm warm da
und ein sanfter Wind streichelt dir über die Haut und weht durch deine Haare.
Nimm dir die Zeit, dir diesen Ort vorzustellen.

Du kannst nun auch Details dieses Ortes wahrnehmen:
wie sich der Boden anfühlt,
welche Pflanzen in der Umgebung wachsen,
welche Tageszeit dort herrscht.

Dann stelle dir vor, du hättest hier an diesem Ort, zu dieser Zeit,
ganz besondere Fähigkeiten, die sonst kein Mensch auf der Welt hat:
Du hast die Fähigkeit, die Schwerkraft zu neutralisieren.
Du kannst Dinge zum Schweben bringen.

Mache dich jetzt langsam mit deiner neuen Fähigkeit vertraut
und lasse erst einige kleine Steine und Blätter vom Boden abheben
und langsam nach oben schweben.

Lasse sie langsam und sanft vom Boden abheben
und wie von Zauberhand in der Luft schweben.
Beobachte diese Szene und lasse dich davon verzaubern.

Nimm dir als nächstes Dinge in deiner Umgebung vor.
Schaue dich um: Welche Dinge entdeckst du?
Nun hebe ihre Schwerkraft auf.
Lasse sie leicht werden und den Boden verlassen und in der Luft verharren.
Einige der schwebenden Dinge kannst du auch leicht antippen
und schon setzen sie sich langsam und ohne Luftwiderstand in Bewegung.
Stehe du fest auf dem Boden,
inmitten dieser verzauberten, schwerelosen Szenerie,
und beobachte, was um dich herum schwebt und fliegt.

Als nächstes kannst du dir Menschen und Tiere vornehmen.
Schaue dich um auf der Straße,
gib den Menschen, die du entdeckst, die Fähigkeit zum Schweben.
Lasse andere durch die Fenster aus ihren Wohnungen schweben.
Beobachte, wie alle verwundert vom Boden abheben
oder aus Fenstern und Türen ins Freie streben.
Auch Hunde und Katzen und andere Haustiere fliegen irritiert durch die Luft.
Vögel brauchen plötzlich nicht mehr mit den Flügeln zu schlagen,
um sich in der Luft zu halten.
Schaue dir amüsiert an, wie Menschen und Tiere mit der Schwerelosigkeit
zurechtkommen und wie sie darauf reagieren.
Beobachte, wer und was so alles in der Luft treibt.

[Kurze Pause]

Du kannst diesen Effekt jetzt auf die ganze Welt ausweiten.
Überlege dir kurz, wen oder was du gerne zum Schweben bringen würdest.
Stelle dir dann vor, wie bei dieser Person, bei diesem Gegenstand,
die Schwerkraft nachlässt und die Schwerelosigkeit stärker wird.
Er schwebt zu dir hin.

Nach und nach sammeln sich immer mehr schwerelose Menschen und Dinge,
denen du die Fähigkeit zum Schweben verliehen hast, um dich herum.
Die schwebenden Menschen haben sich schon
an den neuen, ungewöhnlichen Zustand gewöhnt,
freuen sich darüber,
lachen und winken dir zu.
Sie genießen es, fliegen zu können
und bewundern dich für deine Fähigkeit.

Hebe dann auch für deinen Körper die Schwerkraft auf.
Breite die Arme aus und spüre, wie sich deine Füße vom Boden lösen.
Schwebe dann hinauf in die Mitte deiner Freunde und Bekannten
und probiere aus, was in der Schwerelosigkeit alles möglich ist.

[Kurze Pause]

Dann lasse dich selbst langsam wieder auf den Boden schweben.
Auch alle Personen und Dinge werden ein klein wenig schwerer
und gleiten sanft nach unten.
Wenn alle den Boden berühren,
kehrt die Schwerkraft zurück, als sei nichts gewesen.

Bemerke dann, dass von deinen Händen goldener Nebel aufsteigt,
der sich zu einer kleinen goldenen Kugel sammelt.
Sie erstrahlt wie ein winziger Stern.
Wenn sich der magische Stern vollständig gesammelt hat,
fliegt er erst langsam, dann immer schneller in den Himmel.
Bis er nicht mehr zu sehen ist.

[Rückholphase]

Tauchgang

Thema
Wasser

Ziel
Zum Genießen

Fragen
- Warum ist die Unterwasserwelt so faszinierend?
- Welche Erlebnisse hast du mit der Welt unter Wasser schon gehabt?
- Wo würdest du gerne einmal tauchen gehen?
- Wann „tauchst" du im Alltag gerne ab?
- In welcher „anderen Welt" bist du manchmal?

Tipps zur Weiterarbeit
- Ein Aquarium im Zoo oder eine Zoohandlung besuchen
- Schnorcheln in einem See oder im Meer

[Einleitungs- und Entspannungsphase]

Benutze jetzt bitte deine Vorstellungskraft
und denke dich weg aus diesem Raum.
Stelle dir vor, dass du dich in einem Hafen am Meer,
irgendwo in einem südlichen Land, befindest.
Lasse die Sonne dort scheinen und eine leichte Sommerbrise wehen.
Schaue dich an der Uferpromenade um.
Bemerke die Auslagen der Läden und genieße die Atmosphäre,
in die sich die Urlaubsstimmung der Touristen
und die Betriebsamkeit der Händler mischt.
Im Hafen sind Schiffe und Boote fest gemacht,
die sich sanft auf den leichten Wellen hin und her bewegen.
Versuche, dieses Gefühl der Leichtigkeit, dieses Gefühl des Sommers
mit all deinen Sinnen zu erfassen.
Rieche es, schmecke es,
lasse dich vom Licht, von den Farben und den Bildern verzaubern.

[Kurze Pause]

Du bist hier in diesen Hafen gekommen,
um einen Ausflug mit einem Boot zu machen.
Gehe an den Booten im Hafen entlang
und suche nach einem Boot, das dir gefällt.
Wenn du eines gefunden hast,
begrüße den Kapitän des Bootes,
der mit brauner, wettergegerbter Haut an Bord steht.
Er lädt dich ein, das Boot zu betreten und bittet dich, es dir bequem zu machen.
Das Boot legt vom Steg ab und nimmt langsam Fahrt auf.
Die Fahrt geht hinaus auf das offene Meer.
Hier draußen weht ein stärkerer Wind als im Hafen.
Die Sonne scheint noch intensiver, weil sie sich in den Wellen spiegelt.
Du bist an Bord des Bootes und genießt die Fahrt.
Am Horizont taucht eine kleine Insel auf.
Sie scheint das Ziel eurer Fahrt zu sein.
Langsam kommt ihr näher an die Insel heran
und du kannst schon den Strand und schroffe Felsformationen erkennen.

Das Boot wird in der Nähe der Insel langsamer
und der Kapitän lädt dich ein, unter Deck zu kommen.
Wenn du die Treppe hinabsteigst, bemerkst du,
dass der Boden des Bootes ganz aus Glas ist.
Durch ihn hindurch kannst du den Meeresboden und viele bunte Fische sehen.

Das Innere des Bootes ist ganz in türkisblaues Licht getaucht.
Du kannst dich auf den Glasboden stellen
und langsam über den Meeresboden schweben.
Beobachte die Fische, die allein oder in ganzen Schwärmen unterwegs sind,
Seegras, das sich langsam und träge in der leichten Strömung bewegt,
bunte Korallen, die mit ihren leuchtenden Farben deine Blicke auf sich ziehen.
Lasse dich einen Moment vom Zauber der Unterwasserwelt gefangen nehmen.
Schwebe staunend durch diese Welt,
die sich erst unter der Wasseroberfläche geheimnisvoll öffnet.

[Kurze Pause]

Der Kapitän kommt wieder zu dir herunter und zeigt dir mit geheimnisvollem
Blick eine Stelle des Glasbodens, die irgendwie klarer und leuchtender wirkt.
Er betritt diesen besonderen Bereich
und ganz langsam sinkt er in dieses eigenartige Glas ein.
Das Glas bildet dabei eine durchsichtige und flexible Schutzhülle
um seinen Körper.
Als der Körper schon fast ins Wasser getaucht ist, bildet sich um den Kopf herum
eine gläserne Luftkugel. Sie schließt sich, als der Körper ganz im Wasser ist.
In einer gläsernen Schutzhülle schwimmt der Kapitän
durch die Unterwasserwelt.

Er winkt dir zu und zeigt dir, dass du seinem Beispiel folgen sollst.
Gehe jetzt auch an diese Stelle
und lasse dich langsam in den Glasboden einsinken.
Es bildet sich, wie bei dem Kapitän,
eine gläserne Schutzhülle und eine gläserne Luftkugel um deinen Kopf.
Jetzt kannst du dich frei im Wasser bewegen,
kannst mit den Fischen schwimmen,
dir ansehen, was du im Sand des Meeresgrundes entdeckst,
Korallen und bunte Fische aus der Nähe betrachten.
Fische kommen näher und bestaunen dich mit respektvollem Abstand.
Erfreue dich an deinem Unterwasserausflug.
Schwebe und gleite durch die Welt unter Wasser und entdecke ihren Zauber.

[Kurze Pause]

Schaue dann nach, wo das Glasbodenboot geblieben ist.
Wenn du es irgendwo über dir entdeckt hast,
dann kannst du sehen, wie der Kapitän gerade wieder
durch den besonderen Bereich des Glasbodens in das Boot eintaucht.
Schwimme jetzt auch du wieder zurück zum Boot

und bemerke, wie das Wasser dich langsam und sanft ins Innere des Bootes hebt.
Deine Schutzhülle wird wieder zu einem Teil des Bodens.
Im Inneren des Bootes kannst du dich mit den vielen neuen Eindrücken
auf die gedankliche Rückreise machen.
Lasse deine Vorstellungskraft langsam wieder durch Raum und Zeit
ins Hier und Jetzt zurückfließen.

[Rückholphase]

Trampolin

Thema
Fliegen, Fantasie

Ziel
Zum Genießen

Fragen
- Wobei sollten sich die Menschen viel mehr Zeit nehmen?
- Was macht so viel Spaß beim Trampolinspringen?
- Welche Landschaft erlebst du als schön und entspannend?
- Was könnte man unter „extremen Landschaften" verstehen?
- Für welche Tätigkeit nimmst du dir reichlich Zeit?

Tipps zur Weiterarbeit
- „Trampolin-Geschichten" und -Erlebnisse austauschen.
- Sich einige Minuten in Zeitlupe bewegen (Tai-Chi)
- Auf einem Trampolin springen

[Einleitungs- und Entspannungsphase]

Gehe jetzt in Gedanken über eine Sommerwiese.
Du siehst sie vor deinem inneren Auge.
Lass die Wiese voller Blumen sein, die Sonne scheinen, eine unbeschwerte
Stimmung herrschen, die Vögel singen und die Blumen duften.

Genieße es, über die Wiese zu laufen, das Gras unter den Fußsohlen
und die Sonne auf der Haut zu spüren.
Stelle dir die Gerüche vor, die diese Sommerwiese umgeben.

Wenn du dieses Laufen über die Wiese genossen hast,
setze die Kraft deiner Fantasie ein.
In deiner Fantasie kannst du alles erschaffen, was du möchtest.
Stelle dir jetzt vor, du könntest auf dieser Wiese
ein großes Trampolin erscheinen lassen.
Das kann einen Moment dauern, aber nach und nach nimmt es
immer genauer Gestalt an. Bis es direkt vor dir steht.
Es steht fest auf der Wiese und die Fläche zum Springen ist straff gespannt.
Gehe an das Trampolin heran und befühle das Material,
aus dem es geschaffen ist.
Spüre die Spannung der Sprungfläche und die Kraft, die sie hält.

Dann klettere auf das Trampolin.
Stelle dich in die Mitte und versuche dich an das Gefühl
des schwankenden Bodens zu gewöhnen.
Lasse den Boden sanft zusammen mit deinem Körper schwingen.
Stelle dir vor, du würdest ganz mit diesem schwingenden Boden verbunden sein.
Spüre, wie er dich gerne in die Luft katapultieren würde.
Spüre die Kraft, die in der Spannung des Tuches liegt
und durch das Gewicht deines Körpers verstärkt wird.

Dann lasse dich einige Zentimeter in die Luft springen,
mit jedem weiteren Sprung immer wieder etwas höher.
Lasse dich vom Trampolinboden in die Höhe werfen, lasse dich wieder
nach unten fallen und stoße dich mit deinen Füßen wieder ab.
Genieße dieses ungewöhnliche Gefühl.
Springe so hoch, wie es dir Spaß macht.

Dann lasse allmählich die Sprünge wieder immer kleiner werden,
bis du ganz zum Stillstand gekommen bist.
Jetzt bleibe in der Mitte des Trampolins stehen,
schließe die Augen und konzentriere dich ganz auf dich selbst.
Stelle dir vor, dass du wieder anfängst, mit geschlossenen Augen zu schwingen.
Wenn du dann vom Boden abhebst, kannst du die Zeit verlangsamen
und wie in Zeitlupe schweben.
Lasse dich langsam nach oben fliegen und wieder nach unten,
komme ganz sanft auf dem Tuch auf, drücke deine Beine durch,
nimm behutsam den Schwung mit und lasse dich wieder nach oben streben.
Dann öffne die Augen und genieße diesen Sprung in Zeitlupe,
wie du immer höher steigst und dann wieder nach unten schwebst.

Nimm dir beim nächsten Sprung vor, einen Salto in der Luft zu drehen.
Du hast genügend Zeit dafür.

Lasse alles in Zeitlupe geschehen, koste jeden Augenblick des Schwebens aus.
Stelle dir genau vor, wie sich die Welt scheinbar dreht, wenn du den Salto
drehst, spüre den Wind in deinen Haaren, auf deiner Haut.
Lasse dich dann wieder sachte nach unten schweben.
Wenn du möchtest, kannst du dabei die Arme ausbreiten.
Springe jetzt weiter in Zeitlupe auf dem Trampolin, genieße das Gefühl
des Fliegens, der Freiheit, und die Fähigkeit, Kunststücke zu vollbringen.
Nimm dir Zeit zum Experimentieren.

[Kurze Pause]

Dann setze wieder die Kraft deiner Fantasie ein und stelle dir diesmal vor,
dass sich bei jedem Zeitlupen-Sprung die Landschaft um dich herum ändert.
Springe noch ein letztes Mal auf der Blumenwiese nach oben.
Beim Hinabschweben verändert sich die Wiese
in einen einsamen Strand, auf dem das Trampolin steht.
Du kommst auf dem Tuch auf und springst wieder ab.
Während du nach oben getragen wirst, kannst du auf das Meer schauen,
die intensive Sonne auf der Haut spüren,
den endlosen, einsamen Strand unter dir sehen.

Wenn du wieder hinabsinkst, verwandelt sich der Strand
in das Sonnendeck eines Luxusdampfers.
Du schwebst erneut hinauf, um dich herum das weite Meer,
und auf dem Deck schauen dir Hunderte von Menschen zu, staunend,
wie du es schaffst, so langsam und so grazil durch die Luft zu schweben.
Wenn es wieder abwärts geht, verwandelt sich die Umgebung in das Dach
eines Hochhauses. Das Trampolin steht in der Mitte dieses großen Hauses.
Sanft und sicher landest du in der Mitte des Bodens
und lässt dich ein letztes Mal vom Boden kraftvoll in die Höhe schwingen.
Genieße den außergewöhnlichen Blick, die Aussicht über eine große Stadt.
Beim Flug nach unten verwandelt sich die Umgebung wieder
in die Sommerwiese.
Lasse dich jetzt langsam ausschwingen, bis du zum Stillstand gekommen bist.
Dann lege dich zum Ausruhen in die Mitte des Trampolins.
Schließe die Augen und lasse dir die Sonne auf die Haut scheinen.

[Kurze Pause]

Dann stelle dir vor, dass sich die Umgebung, während du auf dem Trampolin
ruhst, wieder verwandelt: in diesen Raum, in dem du hier liegst.

[Rückholphase]

Feuer- Jonglage

Thema
Element Feuer

Ziel
Zum Genießen

Fragen
- Welche „magischen Momente" hast du schon erlebt?
- Was fasziniert Menschen so am Feuer?
- Bei welchen Tätigkeiten bist du in deiner „eigenen Welt"?

Tipps zur Weiterarbeit
- Mit leichten Tüchern jonglieren lernen
- Ein Lagerfeuer oder eine Kerze anzünden

[Einleitungs- und Entspannungsphase]

Lasse in deiner Fantasie ein Bild von einem Strand bei Nacht entstehen.
Das Meer ist ruhig und plätschert in leisen Wellen.
Die Nacht ist sternklar und der Vollmond erzeugt ein magisches Licht,
das vom Wasser sanft reflektiert wird.
Stelle dir dich selbst vor, wie du an diesem Strand sitzt
und auf das Meer hinaus schaust.
Schaue dir die Reflexionen des Lichtes auf den Wellen an, den Mond, die Sterne,
und öffne deine inneren Sinne für die Magie und den Zauber dieser Szenerie.
Genieße diesen Augenblick, genieße dieses Bild.

[Kurze Pause]

Schaue dich dann am menschenleeren Strand um,
der in ein sanftes Mondlicht getaucht ist.
Obwohl es Nacht ist, kannst du im Licht des Mondes und der Sterne gut sehen.
Auf einer entfernten Sanddüne wird ein Feuer entzündet.
Von weitem kannst du eine Person entdecken,
die eine brennende Fackel in der Hand hält.
Du näherst dich dieser Person,
bis du erkennen kannst, dass es eine junge Frau ist.
Sie scheint dich nicht zu bemerken.

Bewegungslos steht sie mit der Fackel da und schaut aufs Meer.
Es wirkt so, als würde sie mit offenen Augen träumen.
Sie entfacht an der einen Fackel zwei weitere.
Die Flammen der drei Fackeln erzeugen ein orangefarbenes Licht,
das sanfte Schatten auf ihre Haut malt.
Dann bewegt sie sich wie in Zeitlupe und wirft die erste Fackel in die Luft.
Langsam, ganz langsam fliegt die Fackel hoch und dreht sich dabei.
Dann wirft die Frau die zweite und die dritte Fackel ebenfalls in die Luft.
In Zeitlupe fängt sie die erste wieder und wirft sie wieder hoch.
Ihre Augen sind auf den Wendepunkt der Fackeln gerichtet.
In Zeitlupe jongliert diese unbekannte junge Frau nachts alleine am Strand.
Du schaust bei dieser unwirklichen Szene zu, von ihr unbemerkt.

[Kurze Pause]

Dann fängt die Frau alle drei Fackeln gleichzeitig,
die im selben Moment verlöschen.
Sie legt die Fackeln auf den Boden und nimmt in jede Hand eine silberne Kette,
an deren Ende zwei verzierte Metallkugeln befestigt sind.
Sie schließt wieder die Augen und scheint sich leicht zu konzentrieren.
Wie von Geisterhand fängt das Innere der Metallkugeln plötzlich an zu brennen.
Die Frau schwingt mit den Ketten und lässt die Feuerkugeln
neben ihrem Körper in der Luft kreisen.
Dabei entstehen große, runde Feuerkreise.
Dann bewegt sie die Arme anders und die Feuerkugeln scheinen
wie feurige Atome um einen Kern, um ihren Oberkörper zu kreisen.
Entspannt und konzentriert steht die junge Frau mit geschlossenen Augen
im Zentrum der Feuerbahnen.
Ein magisches Licht scheint von ihr auszugehen.
Lasse dich vom Zauber dieser Situation gefangen nehmen.

[Kurze Pause]

Allmählich erhöht die Frau das Tempo, mit dem die Feuerbälle um ihren Körper
kreisen.
Dann lässt sie die beiden Ketten los und mit einem leisen Fauchen
fliegen die Kugeln weit hinaus aufs Meer.
Dabei ziehen sie eine Spur aus Feuer hinter sich her.
Irgendwo ganz weit draußen fallen sie ins Meer und verlöschen.
Wenn du wieder zur Düne zurückblickst, bemerkst du,
dass die junge Frau inzwischen verschwunden ist.

[Rückholphase]

Wolkenformer

Thema
Luft, Kreativität

Ziel
Kreativität trainieren, zum Genießen

Fragen
- Welche Dinge und Formen hast du in den Wolken entdeckt?
- Welche „plastischen Kunstwerke" hast du schon erschaffen?
- In welchen Situationen oder Stimmungen könntest du auf einer Wiese liegen und Wolken beobachten?
- Was würdest du tun, wenn du die Fähigkeit hättest, das Wetter zu beeinflussen?
- Welche Assoziationen fallen dir zu „Luft" ein?

Tipps zur Weiterarbeit
- Plastisches Gestalten, z.B. Arbeiten mit Speckstein, Herstellen von Pappmaché-Figuren, Töpfern, Basteln mit Knete oder Fimo

[Einleitungs- und Entspannungsphase]

Träume dich weg von diesem Ort und stelle dir dich selbst vor,
wie du an einem Sommertag auf einer grünen Wiese liegst.
Stell dir vor, dass du die Sonne auf der Haut spüren kannst.
Den leichten Wind, der weht, spürst du an den feinen Härchen auf deiner Haut,
an den Armen und im Gesicht.
Stell dir vor, wie es sich anfühlt, auf frischem, grünen Gras zu liegen,
und welche Gerüche in der Luft liegen.
An diesem wunderschönen Tag ist der Himmel fast wolkenlos,
nur ein paar vereinzelte schneeweiße, kleine Wolken
sind wie Tupfer über das Blau des Himmels verteilt.
Genieße jetzt einen Moment lang dieses Bild, lass alles auf dich wirken
und nimm alles intensiv und konzentriert wahr.

[Kurze Pause]

Jetzt schau dir noch einmal den Himmel und die Wolken an.
Die kleinen Wolken sind größer geworden
und haben sich in Haufenwolken verwandelt.

Spiele jetzt das alte Kinderspiel und versuche, Gegenstände, Formen, Gesichter,
Tiere und andere Dinge in den Wolkenformen zu erkennen.
Suche in der Form der Wolken nach Formen, die du kennst.
Woran erinnern dich die Wolken?
Immer wieder verändern sich die Wolken und neue Formen entstehen,
und immer wieder bemerkst du neue Ähnlichkeiten.

Fast scheint es so, als ob sich die Wolken nach deiner Vorstellung verformen.
Stell dir vor, das wäre so: Du kannst durch deinen Willen
und durch die Kraft deiner Fantasie die Wolken verformen.
Du kannst riesige Wolkengebilde auftürmen
oder Wolken in einem Muster über den Himmel verteilen,
du kannst Wolken entstehen und sich wieder auflösen lassen.
Jetzt probiere aus, was du alles mit dieser Fähigkeit erschaffen kannst.

[Kurze Pause]

Dann forme alle Wolken zu einem riesigen Ring.
Lass diesen Ring genau über dir schweben.
Du selbst stehst im Zentrum dieses Wolkenrings.
Dann beginne damit, den Wolkenring zu drehen.
Tu dies ganz langsam, wie in Zeitlupe.
Träge dreht sich der Ring aus Wolken und schwebt dabei auf die Erde zu,
bis dich ein Wolkenwirbel umkreist.
Es ist nur ein leichtes Rauschen zu hören und nur ein leichter Wind zu spüren.
Um dich herum dreht sich der Ring aus Wolken.
Dann lasse ihn sich etwas schneller werden.
Dieses Kreisen des Wolkenrings bewirkt, dass du schwerelos wirst,
langsam vom Boden abhebst und ein wenig in die Höhe schwebst.
Im Inneren des Ringes existiert keine Schwerkraft mehr.
Du kannst dich hier wie im Wasser oder wie im Weltall bewegen:
Du kannst fliegen, schweben, dich drehen, oder sanft durch die Luft gleiten.
Genieße die Schwerelosigkeit.
Genieße diese einzigartige, besondere und faszinierende Erfahrung.

[Kurze Pause]

Dann verlangsame die Drehung und lasse dich sanft zu Boden schweben,
bis sich die Wolkensäule wieder zu dem Ring über dir zurückgebildet hat.
Nun lasse auch diesen auseinanderfallen und sich auflösen.
Jetzt legst du dich wieder ins Gras.

[Rückholphase]

Universum in der Nussschale

Thema
Zauber

Ziele
Zum Genießen und Sich-verzaubern-Lassen

Fragen
- Was hältst du von Zauberei?
- Welche „zauberhaften Momente" hast du schon erlebt?

Tipps zur Weiterarbeit
- Eine Walnuss bemalen oder golden besprühen und verschenken
- Im Nachthimmel nach Sternschnuppen suchen
- Eine Nachtwanderung machen

[Einleitungs- und Entspannungsphase]

Gehe in Gedanken an den Strand des Meeres.
Es ist Abend und die Menschen, die sich den ganzen Tag am Strand
aufgehalten haben, gehen nach und nach alle nach Hause.
Die Sonne steht schon tief und verbreitet ihr warmes rötliches Licht.
Stelle dir vor, dass du an diesem Strand irgendwo auf einer Sanddüne sitzt
und beobachtest, wie die Menschen langsam den Strand verlassen.
Die Abendsonne taucht alles um dich herum in ein rot-goldenes Licht.
Eine angenehme, warme Abendluft hat die Hitze des Tages abgelöst.
Schaue hinaus aufs Meer, in dem unaufhaltsam die Sonne versinkt.
Genieße diesen langen und sanften Abschied vom Tag.
Beobachte, wie sich die Sonne dem Horizont nähert,
ihre Farbe von Orange in Rot wechselt
und der hellblaue Himmel allmählich ein abendliches Dunkelblau annimmt.

Jetzt, wenn alle Menschen den Strand verlassen haben,
kehren die Vögel dorthin zurück.
Möwen landen am Strand und suchen im Sand nach Essbarem
oder fliegen mit gleitenden und eleganten Bewegungen durch die Luft.
Die Möwen haben dich als den einzigen Menschen hier entdeckt
und halten respektvoll Abstand zu dir.
Nur eine Möwe scheint sich näher für dich zu interessieren.
Sie kommt nahe zu dir geflogen und trägt einen Gegenstand in ihrem Schnabel.

Zögernd landet sie in deiner Nähe und blickt dich ängstlich an.
Der Gegenstand in ihrem Schnabel ist eine Walnuss.
Sie lässt die Nuss in den Sand fallen und schubst sie mit ihrem Schnabel
in deine Richtung. Als sie bemerkt, dass du sie dabei beobachtest,
gibt sie der Nuss einen letzten Anstoß in deine Richtung
und fliegt dann wieder davon.

Du nimmst die Nuss in deine Hand und bemerkst,
dass es eine ganz besondere Nuss ist:
Ihre Schale scheint aus einem schimmernden Material zu bestehen
und sie lässt sich wie eine Schmuckschatulle öffnen.
Darin sind noch die Reste eines magischen Staubes zu erkennen.
Anscheinend wollte die Möwe, dass du diese Nussschale bekommst.
Irgend etwas sollst du damit tun, du weißt allerdings noch nicht, was.

Inzwischen ist die Sonne fast vollständig hinter dem Horizont versunken
und am Himmel leuchten der Mond und die ersten Sterne auf.
Der Sternenhimmel im Sommer ist viel heller, viel klarer,
viel zauberhafter, als er normalerweise ist.
Schaue dir den Sternenhimmel an, seine Milliarden leuchtender Punkte.
Suche am Himmel den am hellsten leuchtenden Nordstern
und das Sternbild des großen Wagens.
Dann bemerke, dass sich einer dieser Sterne wie eine Sternschnuppe
zu bewegen scheint. Ganz langsam gleitet der winzige Stern.
Er bewegt sich wie ein Glühwürmchen und fliegt im weiten Bogen
über den Nachthimmel, kommt näher, bleibt dabei aber winzig.
Der Stern nähert sich erst dir, dann der kleinen Nuss.
Wenn du jetzt die Nussschale in deiner Hand öffnest,
wird sich der winzige Stern dort hinein, genau in die Mitte, bewegen
und anfangen, sich an dieser Stelle langsam zu drehen.
Lasse dich von diesem kleinen Ereignis verzaubern.

Schaue dann wieder in den Nachthimmel und beobachte, wie Hunderte kleiner
Sterne sich aus dem Nachthimmel lösen und auf dich zugeschwebt kommen,
wie sie die kleine Nussschale erreichen und beginnen,
sich um den kleinen Stern in der Mitte zu drehen.
Bis eine winzige Spirale entstanden ist, die sich um das kleine Zentrum dreht.
Du hast ein winziges Universum in einer Nussschale in der Hand.
Vorsichtig kannst du die Nuss schließen, damit es gut geschützt ist.
Die Nuss scheint etwas schwerer geworden zu sein.

Dann verändert sie wieder ihr Gewicht, wird leichter
und fängt an, golden zu leuchten.

Sie wird so leicht, dass du sie gar nicht mehr spüren kannst,
bis sie anfängt zu schweben, um dann hinaus auf das Meer zu fliegen.
Du schaust ihr nach, bis du nichts mehr von ihr erkennen kannst
und du wieder alleine am Strand unter dem Sternenhimmel sitzt.
Dann beginne in Gedanken, diesen Ort zu verlassen.

[Rückholphase]

Die Tomate

Thema
Entspannung, Schutz, (Schwangerschaft)

Ziel
Zum Genießen
(Zur Information: Diese Fantasiereise basiert auf der Idee eines
Pränatal-Raumes. Das Innere der Tomate ist eine Metapher für das
Innere des Mutterleibes.)

Fragen
- Wie hast du das Schweben empfunden?
- Wann fühlst du dich sicher und beschützt?

Tipps zur Weiterarbeit
- Einen Spaziergang durch einen Garten machen
- Ein Gespräch über das Thema Schwangerschaft/Kinder/Schutz des Ungeborenen führen

[Einleitung/Entspannungsphase]

Begib dich in deiner Fantasie in einen großen sommerlichen Garten.
Es herrscht eine angenehm warme Temperatur,
die Sonne scheint und Blumen blühen.
Überall an den Sträuchern, an den Bäumen, in den Beeten
reifen Obst und Gemüse.
Gehe durch diesen Garten, sei offen für Gerüche, Farben, Formen
und versuche, die Kraft des Lebens und des Wachsens zu spüren,
die sich hier im Reifen von Obst, Gemüse und in den Pflanzen ausdrückt.
Versuche der Energie nachzuspüren, die das alles bewirkt.

[Kurze Pause]

Jetzt schlendere in den Teil des Gartens, in dem die Tomatensträucher stehen.
Komme näher und schaue dir an, welche Früchte schon reif, prall und rot sind
und welche noch grün sind.
Dann suche dir die schönste von allen heraus und pflücke sie vom Strauch.
Gehe mit der Tomate in der Hand auf eine große Sommerwiese an einer anderen
Stelle des Gartens und lege dort die Tomate auf den Boden.

Stelle dir nun vor, du könntest diese Tomate jetzt wachsen lassen,
könntest sie nur mit deiner Willenskraft vergrößern.
Stelle es dir vor, als würde Luft in die Tomate einströmen,
wie beim Aufblasen eines Luftballons.
Langsam wird die Tomate groß wie ein Fußball,
wie eine Melone, und sie vergrößert sich weiter.
Dann reicht dir die Tomate schon bis zur Hüfte.
Lass sie weiter wachsen.
Jetzt ist sie schon so hoch wie du und sie nimmt immer noch zu.
Sie wird größer, immer größer, bis sie die Höhe eines Baumes erreicht hat.
Dann hört das Wachsen auf.
Eine riesige, rote Tomate liegt hier auf der Wiese.

Gehe jetzt nahe an die Tomate heran, lege die Hand auf ihre Oberfläche.
Sie fühlt sich immer noch wie eine von der Sonne erwärmte Tomate an.
Nur eben viel größer.
Taste nun mit deinen Händen die Oberfläche ab –
bis du auf eine Unebenheit stößt.
Anscheinend gibt es eine Tür, einen Zugang ins Innere der Tomate,
und du hast gerade den Öffnungsmechanismus entdeckt.
Betätige diesen Mechanismus und öffne den Zugang.

Du kannst nun hineinblicken: Das Innere der Tomate ist leer.
Stelle es dir wie einen großen, roten Raum, wie eine Halle vor,
in der keine Schwerkraft existiert.
In diesem Raum ist die Erdanziehungskraft aufgehoben –
wie im Weltall oder wie unter Wasser.

Wenn du jetzt diesen Raum betrittst, fängst du leicht an zu schweben.
Schließe den Zugang hinter dir.
Schwebe in diesem roten Raum, in dem nichts zu hören ist,
in dem alles in ein warmes, rotes Licht getaucht ist,
das durch die Sonne außerhalb verursacht wird.
Stelle dir das Gefühl vor, zu schweben, dich langsam wie in Zeitlupe zu drehen.

Schließe dabei die Augen, spüre die Wärme und das Licht.
Du kannst dich auch einmal zusammenkauern, wie ein Baby im Mutterleib,

oder Arme und Beine ausstrecken, dich drehen
und das Gefühl der Schwerelosigkeit genießen.

Dann schwebe langsam wieder Richtung Ausgang,
öffne ihn und geh zurück in den Garten.
Wenn du festen Boden unter den Füßen hast,
schrumpft die Tomate auf ihre natürliche Größe.
Nimm sie in die Hand und bringe sie an einen Ort,
wo du sie jederzeit wieder finden kannst.

[Rückholphase]

Gänseküken

Thema
Verantwortung, Geborgenheit, Erziehung

Ziele
Ansprechen und Fördern sozialer Gefühle

Fragen
- Für welches Wesen hast du schon einmal Verantwortung getragen?
- Welche Gefühle lösen solche Szenen wie die in der Fantasiereise bei dir aus?
- Wer übernimmt für dich Verantwortung?
- Für wen könntest du ein Vorbild sein?
- Wer war für dich als Kind ein Vorbild?
- Wie sieht der Ort aus, an dem du dich wohlfühlst (dein „Nest")?
- Welche Ziele hättest du bei der Erziehung von Kindern?
- Was haben Geborgenheit und Verantwortung miteinander zu tun?

Tipps zur Weiterarbeit
- Vertrauensübungen durchführen, bei denen die Gruppe die Verantwortung für die Sicherheit des Einzelnen übernimmt
- Ein „Nest" bauen (einen Wohlfühl-Ort mit Kissen, angenehmer Beleuchtung, heimeliger Atmosphäre)

[Einleitungs- und Entspannungsphase]

Wandere in deinen Gedanken durch die Zeit, durch den Raum.
Gehe weit weg von hier und stelle dir einen alten Bauernhof vor.
Schaue ihn dir in Ruhe an: in welcher Umgebung er steht,
wie das Haus aussieht, wo der Stall ist und die Scheune.
Jetzt stelle dir vor, wie der Bauernhof aussehen würde, wenn er verlassen wäre.
Schon lange hat diesen Hof niemand mehr betreten.
Überall haben sich Unkraut, wilde Blumen und Gebüsch ausgebreitet.
Du kannst jetzt dieses Gelände betreten und versuchen,
die besondere Atmosphäre wahrzunehmen.
Hier hat die Natur die Regie übernommen.
Hier wachsen die Pflanzen ungehindert und frei.
Genieße einen Moment diese Atmosphäre.

Jetzt gehe über den Hof zur Scheune.
Das alte Tor der Scheune ist schon ganz mit Efeu bewachsen
und das Holz ist verwittert und von der Sonne gebleicht.
Öffne das Tor und betritt die Scheune.
Hier ist es im ersten Moment ganz dunkel. Wenn sich aber deine Augen an die
Dunkelheit gewöhnt haben, kannst du Einzelheiten entdecken.
Hier ist noch altes Stroh und Heu untergebracht, ein paar verrostete Geräte
stehen herum. Die ganze Szene hat etwas Heimeliges, etwas Vertrautes
und auch etwas Geheimnisvolles.
Schaue dich um.
Dann gehe dorthin, wo das Heu ist.
Dort wirst du, wenn du genau nachschaust, ein Nest entdecken.
Stelle dir ein Nest vor, das an einem geschützten Platz gebaut wurde.
Ein Nest aus weichem Heu und aus Federn.

Etwas verdeckt kannst du im Nest ein Ei entdecken.
Befreie das Ei jetzt von dem Heu und berühre es.
Es scheint fast ausgebrütet zu sein,
denn du kannst leichte Bewegungen in seinem Inneren spüren.
Es fühlt sich warm an.
In seinem Inneren muss wohl ein Küken sein,
das kurz vor dem Ausschlüpfen ist.
Nimm jetzt deine Hände und halte sie schützend um das Ei,
berühre es dabei aber nicht.
Stelle dir vor, dass du deine Körperwärme über deine Handflächen
an das Ei abstrahlen könntest.
Die Wärme macht dem Küken im Inneren des Eis offensichtlich Mut
und es fängt an, die Schale zu durchbrechen.

Stelle dir vor, wie die Schale ein erstes kleines Loch bekommt und der winzige
Schnabel sichtbar wird. Immer mehr wird die Schale von innen aufgebrochen,
bis das kleine Köpfchen eines Gänsekükens dich anschaut.
Dann befreit sich das Vögelchen ganz von der Schale und fällt tapsig ins Nest.

Gänseküken halten immer das Wesen für die Mutter, das sie als erstes sehen.
Du bist für dieses Gänseküken jetzt die Mutter, das Vorbild.
Du hast jetzt die Verantwortung, dass es die wichtigen Dinge im Leben lernt.
Befreie das Küken jetzt von den Resten der Schale
und trockne mit einem zarten Pusten sein flauschiges Federkleid.
Dann kannst du ihm deine Hand hinstrecken und es wird aufspringen.
Dann gehe mit dem Gänseküken hinaus auf die Wiese,
zeige ihm, wo es etwas zu fressen gibt und wo der See ist.
Dann stelle dir vor, wie du im Lauf der Zeit dem kleinen Küken
das Schwimmen und das Fliegen beibringst, wie du es vor Gefahren beschützt
und ihm erklärst, auf was es im Leben ankommt.

[Kurze Pause]

Stelle dir dann vor, wie das kleine Küken
zu einer wunderschönen Gans herangewachsen ist.
Dann wird es Zeit für sie, in den Süden zu ziehen. Sie wird im nächsten
Frühjahr wieder hierher kommen. Dann kannst auch du sie wiedersehen.
Verabschiede dich von deinem nunmehr erwachsenen „Gänseküken", schaue zu,
wie es sich in die Lüfte schwingt, über dir noch eine Rund dreht
und dann am Horizont in Richtung Süden verschwindet.

[Rückholphase]

Streichelzoo

Thema
Menschliche Nähe, Vertrautheit, Schutz, Mutterinstinkt

Ziele
Ansprechen von Gefühlen, zum Genießen

Fragen
♦ Welche Gefühle lösen Tierbabys und Menschenbabys in dir aus?

- ◆ Welche „Streicheleinheiten" erhältst du, wem gibst du welche?
- ◆ Wie kommt es, dass Gefühle eher Frauen zugesprochen werden?

Tipps zur Weiterarbeit
Seine Gefühle in einer Skulptur oder einem Bild ausdrücken
Sich über Kinderwünsche unterhalten
In (vertrauten) Paaren sich eine „Streichelmassage" gönnen

[Einleitungs- und Entspannungsphase]

Stelle dir vor, du hast dich dazu entschlossen, in den Zoo zu gehen.
Mache dich gleich auf den Weg dorthin. Wenn du angekommen bist,
dann bezahle deinen Eintrittspreis und betritt den Zoo.
Du musst noch ein Stück durch den Park gehen,
bis du zu den ersten Tieren kommst. Mache dich darauf gefasst,
dass in diesem Zoo alles anders ist als in allen anderen.
In diesem Zoo gibt es keine Käfige und keine Gehege.
Die Tiere können sich frei im Zoo bewegen
und die Besucher können sich ihnen freundlich und respektvoll nähern.

Wenn du aus dem Park heraustrittst, kommst du auf eine große Wiese,
auf der Ziegen, Schafe, Esel und Pferde in der Sonne grasen.
Einige Besucher des Zoos stehen bei den Tieren und streicheln sie.
Du kannst dich auch einem dieser Tiere näher, sein Interesse wecken
und ihm deine Hand entgegenstrecken.
Wenn du spürst, dass das Tier dir vertraut, dann lege deine Hand auf sein Fell.
Streichle und klopfe das Fell und beobachte, wie es dem Tier gefällt.
Es scheint dich zu mögen. Spüre beim Streicheln die Muskeln unter dem Fell
und die Wärme, die der Körper ausstrahlt.

[Kurze Pause]

Verlasse dann die Wiese und komme zu einem weiteren Bereich,
in dem die Tierbabys untergebracht sind.
In diesem Bereich befinden sich Tiermütter mit ihren Babys.
Hier leben Tiere friedlich zusammen,
die sich in freier Wildbahn gegenseitig jagen würden.
Bemerke als erstes ein junges Rehkitz, das von seiner Mutter ängstlich beobachtet wird. Es springt und tollt auf der Wiese umher und hat seinen Spaß.
Nähere dich dem Rehkitz, errege seine Aufmerksamkeit,
mache es neugierig auf dich.
Es kommt vorsichtig näher.

Schaue ihm in seine großen Augen, die dich mit leichter Sorge ansehen,
sprich beruhigend auf es ein und halte ihm deine offene Hand hin.
Lasse es an deiner Hand schnuppern, um ihm die Angst zu nehmen.
Wenn es Vertrauen zu dir gefasst hat, wird es seinen Kopf
an deinem Körper reiben und sich von dir streicheln lassen.

[Kurze Pause]

Lasse das Rehkitz dann wieder weiter auf der Wiese herumtollen
und schaue dich weiter um.
Stelle dir ein Löwen- und ein Tigerbaby vor, die miteinander balgen.
Sie kämpfen auf spielerische Art miteinander,
rollen wie ein einziges Knäuel über die Wiese und fauchen sich gegenseitig an.
Gehe zu den beiden Rackern hin und trenne sie. Nimm einen der beiden auf
den Arm und kraule sein weiches Fell. Das kleine Baby greift tapsig mit seinen
Tatzen nach deiner Hand. Sein Herz pocht noch ganz schnell vom wilden Spiel.
Streiche beruhigend über sein kleines Köpfchen und kraule es am Hals.

[Kurze Pause]

Der Spielkamerad des kleinen Babys in deinem Arm scheint nicht so ganz damit
einverstanden zu sein, dass du nur seinen Freund auf dem Arm hältst. Er zupft
dich auffordernd an den Beinen. Setze den einen ab, der sich gleich einen neuen
Spielkameraden sucht und nimm das andere Wildkatzenbaby hoch.
Gib auch ihm ein paar Streicheleinheiten.

[Kurze Pause]

Inzwischen scheint es sich unter den Tierkindern herumgesprochen zu haben,
dass du tolle Streicheleinheiten verteilst, denn ein ganz junges Schimpansenbaby
hat sich dir genähert und schaut dich fragend an.
Lasse die kleine Wildkatze ihrem Freund folgen und breite die Arme aus,
um das Schimpansenbaby zu dir zu locken.
Es zögert keinen Moment und läuft auf wackeligen Beinen auf dich zu, ergreift
deine Hände und zieht sich zu dir hoch. Es setzt sich auf deinen Arm und
legt seinen Kopf an deine Schultern. Es sucht nach dem Geräusch deines
Herzschlages, der es beruhigt. Seine kleine Hand sucht einen Finger von dir und
klammert sich dort fest. Das kleine Schimpansenbaby möchte von dir gehalten
und sanft gewiegt werden. Wiege es hin und her, halte es fest, spüre seinen kleinen Körper an deinem und beobachte, welche Gefühle bei dir dabei entstehen.
Genieße diese Situation und die positiven Gefühle, die du spürst.

[Kurze Pause]

Bringe dann das kleine Schimpansenbaby zu seiner Mutter.
Es erkennt seine Mutter sofort, läuft zu ihr hin und klammert sich an sie.
Dann setzt es sich auf ihren Rücken.
Die beiden verschwinden wieder hinter den Bäumen.
Wenn du magst kannst du dich noch eine Weile in diesem besonderen Zoo
umsehen, bevor du dich dann wieder auf den Nachhauseweg machst.

[Rückholphase]

Sommerwind

Thema
Teil 1: Entspannung
Teil 2: Reinigung von negativen Gedanken und Gefühlen

Ziele
Teil 1: Zum Genießen
Teil 2: Selbstreflexion, Psychohygiene

Fragen
- Wie gehst du mit „Frust" und Ärger um?
- Wie verhältst du dich, wenn du schlecht gelaunt bist?
- Wie „reinigst" du deine Gedanken?
- Welche positiven Aspekte könnte die Beichte haben?

Tipps zur Weiterarbeit
- Ein „Reinigungs-Ritual" durchführen, z.B. schreibt jeder negative Gedanken, Frust und Ärger auf. Die Zettel werden dann verbrannt.
- Selbstreflexionsübung, z.B. einen Brief an sich selbst schreiben

[Einleitungs- und Entspannungsphase]

Stelle dir in deiner Fantasiewelt einen wunderschönen Strand vor.
Du bist allein an diesem Strand und das Wetter ist traumhaft schön.
Das Meer, das in sanften und gleichmäßigen Wellen am Ufer ankommt,
ist ruhig und fast glatt.
Fühle dich ganz in diese Szene ein.
Erinnere dich an das Gefühl, barfuß im Sand zu laufen,
und wie sich Sonne auf der Haut anfühlt.

Versuche dir vorzustellen, wie es am Meer riecht,
wie ein Hauch von Salz schmeckt.
Höre die Geräusche, die am Meer wahrzunehmen sind: das leise Rauschen
des Sommerwindes, das sanfte Plätschern der kleinen Wellen.
Erinnere dich, wie es sich anfühlt, wenn dir ein leichter Wind
durch die Haare weht und über deine Haut streicht.

Laufe an diesem Strand ein Stück entlang. Genieße die Umgebung.
Versuche, die Urlaubs- und Ferienstimmung hier einzufangen.
Fühle dich frei und leicht.
Gehe an diesem Strand auf eine Gruppe mit Palmen zu.
Zwischen zwei dieser Palmen entdeckst du eine Hängematte. Eine Hängematte,
die im Schatten vom Wind leicht hin und her geschaukelt wird.
Du kannst dich jetzt entspannt in die Hängematte legen,
es dir so richtig gemütlich machen.
Aus dem angenehmen Schatten heraus
kannst du weit hinaus auf das türkisblaue Meer schauen.
Wenn es dir gefällt, kannst du leicht in der Hängematte schaukeln
und den Horizont vor deinen Augen hin- und herpendeln lassen.

[Kurze Pause]

Spüre dann noch einmal den Sommerwind, wie er warm und sanft
deinen ganzen Körper in der Hängematte umschmeichelt.
Stelle dir vor, wie dieser leichte Wind irgendwo
ganz weit draußen auf dem offenen Meer entstanden ist,
wie er langsam, aber stetig von der Sonne erwärmt wurde,
wie er lange über dem Meer unterwegs war, bis er hier das Land erreicht hat.
Hier trifft er dann auf deine Haut, verursacht ein Wohlgefühl,
wird von den Rundungen deines Körpers sanft geteilt
und findet sich danach wieder zu einem einzigen Strom zusammen,
um weiter ins Landesinnere unterwegs zu sein.

[Kurze Pause und Rückholphase oder Teil 2]

Stelle dir jetzt vor, du könntest deinen Körper
für den Sommerwind durchlässig machen.
Der Wind wird von deiner Haut nicht mehr abgelenkt,
sondern weht einfach durch sie hindurch.
Er durchquert dein Körperinneres, ohne auf Widerstand zu treffen.
Nimm dir etwas Zeit, um dich an diese Vorstellung zu gewöhnen.

[Kurze Pause]

Der Sommerwind weht durch deinen Körper,
wie der Wind durch die Krone eines Baumes streicht.
Dort löst er die alten und welken Blätter und den alten Staub von den Ästen,
um wieder Platz für neue und frische Blüten und Blätter zu schaffen.
So kann auch der Sommerwind deinen Körper von allem Überflüssigen,
Verbrauchten, Alten und von negativen Gedanken befreien.
Auch Schmerzen hinterlassen Spuren im Körper. Diese Spuren
kann der Sommerwind wegwehen, kann deinen Körper davon befreien,
kann alles mit sich nehmen, was nicht mehr gebraucht wird.
Öffne dann deine Gedanken und gewähre auch dort dem Sommerwind Einlass.
Er nimmt Ärger, Frust und traurige Gedanken mit sich.
Er weht durch verschwendete Gedanken und ausgeträumte Träume
und nimmt alles mit sich, was du nicht mehr in deinem Kopf haben möchtest.
All das, was dich bedrückt oder gequält hat, kannst du dem warmen Strom des
Sommerwindes anvertrauen, kannst es aus deinen Gedanken tragen lassen.

[Kurze Pause]

Sind dein Körper und dein Geist dann gereinigt, von allem Überflüssigen befreit,
dann lasse deinen Körper wieder fest und undurchlässig werden.
Stelle dir vor, wie der warme Sommerwind jetzt wieder deinen Körper
umschmeichelt, wie du das Gefühl hast, als würdest du gestreichelt werden.
Nimm dann langsam Abschied von der Umgebung das Strandes
und gehe auf die gedankliche Heimreise.

[Rückholphase]

Frühlingsblüten

Thema
Frühling, Natur, Veränderung und Erneuerung, Aufbruch, Jugend

Ziele
Zum Genießen, Tanken neuer Energie und Kraft

Fragen
- Was unterstützt Veränderung oder einen Neubeginn in deinem Leben?
- Was tust du für deinen Körper?
- Warum neigen manche Menschen dazu, ihre Jugend zu idealisieren?

- Warum suggeriert die Werbung, dass man jung, aktiv und fit sein sollte?
- Welche großen Veränderungen und Wendepunkte gibt es im Leben eines Menschen?
- Was motiviert Menschen, sich zu verändern?
- Was war die bisher größte Veränderung in deinem Leben?
- Welche Zeitspanne umfasst deiner Meinung nach die Jugend?
- In der Natur wiederholt sich alles immer wieder. Das Leben ist ein Kreislauf. Wie ist das beim Menschen?
- Welche Ziele möchtest du in deinem Leben erreichen und was tust du schon jetzt dafür?

Tipps zur Weiterarbeit
- Eine Massage mit einem Blüten-Öl machen.
- Einen Frühlingsspaziergang machen
- Sich überlegen, was man im eigenen Leben gerne verändern möchte

[Einleitungs- und Entspannungsphase]

Stelle dir bitte den Frühling vor.
Alles scheint nach einer langen Winterpause zu neuem Leben zu erwachen.
Spüre die ersten warmen Sonnenstrahlen auf deiner Haut. Die ersten angenehm warmen Sonnenstrahlen nach einem langen und kalten Winter.
Versuche dir ins Gedächtnis zu rufen,
wie Frühlingsluft riecht, wie sie sich anfühlt.
Stelle dir Menschen vor, die nach langen Monaten in warmer und dunkler Winterkleidung wieder luftige und helle Sommerkleidung tragen.
Wie sich Straßencafés füllen, wie Menschen in der Natur spazieren gehen,
die ersten Biergärten öffnen
und auf der Straße Motorräder und Cabrios unterwegs sind.
Stelle dir den Blick durch eine Sonnenbrille an einem wunderschönen Frühlingstag vor. Und genieße diesen Tag.

[Kurze Pause]

Dann gehe in Gedanken in einen Park oder auf eine Wiese am Waldrand.
Suche dir eine Stelle, einen Platz, an dem keine anderen Menschen sind.
Stelle dir dort einen Baum in voller Blüten vor. Einen wunderschönen Baum,
der über und über voller kleiner, weißer Blütenblätter ist.
Diese weißen Blüten sind die Blüten des Frühlings,
die Blüten der Kindheit und Jugend dieses Baumes.
Sie werden nur eine kurze Zeit lang blühen
und sich im Laufe des Jahres verändern.

Ohne sie würde es im Sommer und Herbst keine Früchte geben.
Diese Blüten sind ein Symbol für Erneuerung, für Frische
und für den Aufbruch in einen neuen Lebensabschnitt.
In diesen zarten Blüten ist die unbändige, starke Kraft des Lebens enthalten.

Betrachte diesen blühenden Baum und stelle dir dann vor,
dass ein leichter Wind aufkommt,
einige der kleinen, weißen Blüten von ihren Blütenkelchen löst
und sie sanft und leicht durch die Luft schweben lässt.
Es sieht so aus, als würde es Blüten schneien. Beobachte, wie die Blüten in der
Luft tanzen, wie sie um dich herum schweben, fast schwerelos.
Es scheint fast so, als würden der Baum und der Wind
dieses Ereignis nur für dich geschehen lassen.
Du kannst jetzt die Arme ausbreiten und es genießen,
wie die Blüten um dich herum schweben.

[Kurze Pause]

Jetzt stelle dir vor, dass eine dieser Blüten zufällig in dein Gesicht streift.
Sanft berührt sie deine Haut. Versuche es dir vorzustellen, wie es sich anfühlt,
wenn die Blüte deine Gesichtshaut berührt.
Dann passt sich die kleine Blüte ganz deiner Haut an, schmiegt sich an sie.
Wenn sie dann vollständig Kontakt mit deiner Haut hat,
beginnt sie zu schmelzen wie eine Schneeflocke.
Deine Haut nimmt die geschmolzene Blüte auf, wie eine Creme.
Dadurch geht ein kleiner Teil dieser Kraft der Erneuerung, des Aufbruchs,
ein Teil der Frühlingskraft auf dich über.
Du kannst jetzt weitere Blüten auf deiner Haut landen, schmelzen
und wie Creme in deine Haut einziehen lassen.
Immer werden die Blüten schmelzen und in die Haut einziehen.
Immer wirst du dadurch um einen ganz kleinen Teil der Frühlingskraft reicher.
Lasse dir Zeit dafür und genieße es.

[Kurze Pause]

Dann weht der Wind die restlichen kleinen Blütenblätter von dir weg.
Nimm den Zustand von Frische und Stärke ganz bewusst bei dir wahr.
Vielleicht kannst du auch das Gefühl spüren, dass du etwas verändern möchtest,
dass du Neues kennen lernen und dir neue Ziele setzen möchtest.
Laufe dann durch den Frühlingstag gestärkt, entspannt und gut gelaunt
wieder hierher zurück.

[Rückholphase]

Weihnachtsmann

Thema
Weihnachten

Ziel
Weihnachtliche Stimmung erzeugen

Fragen
- Bis zu welchem Alter hast du an den Weihnachtsmann, das Christkind oder den Nikolaus geglaubt?
- Wie wird Weihnachten bei euch zu Hause gefeiert?
- Warum erzählt man Kindern die Geschichte vom Christkind und dem Weihnachtsmann?
- Welche Bedeutung hat Weihnachten für dich?
- Wie reagieren kleine Kinder auf dich?
- Wie reagierst du auf kleine Kinder?
- Bis zu welchem Alter sollte man Weihnachtsgeschenke bekommen?
- Wie teuer sollten Weihnachtsgeschenke sein?
- Was waren deine schönsten Weihnachtsgeschenke?

Tipps zur Weiterarbeit
- Weihnachtsgeschenke basteln
- An einer Weihnachtsfeier teilnehmen

[Einleitungs- und Entspannungsphase]

Stelle dir in Gedanken einen Raum vor, den du kennst.
Sei in diesem Raum alleine.
Fühle dich in diese vertraute Umgebung ein.
Lasse dir etwas Zeit, um dort anzukommen.

An diesem Tag hat es geschneit und draußen wird es langsam dunkel.
In deinem Raum ist es kuschelig warm
und du zündest eine Kerze an,
die ein warmes und heimeliges Licht verbreitet.
Mache es dir hier so richtig gemütlich.

[Kurze Pause]

Dann klopft es an der Türe.
Du stehst auf und öffnest die Türe.
Draußen liegt ein großes Paket.
Ansonsten ist niemand zu sehen.
Auf dem Paket steht dein Name.
Nimm das Paket mit in den Raum.

Wenn du es öffnest,
wirst du darin ein rot-weißes Weihnachtsmann-Kostüm finden,
einen weißen Rauschebart und eine rote Zipfelmütze.
Du kannst das Kostüm jetzt anziehen.
Damit es dir passt, musst du den Bauch mit einem großen Kissen ausstopfen.
Dann ziehe dir die dicken, roten Stiefel an, klebe dir den Bart an
und setze dir die rot-weiße Zipfelmütze auf den Kopf.
Du kannst nun im Spiegel betrachten, wie du als Weihnachtsmann aussiehst.
Versuche, dich in die Rolle einzufühlen,
übe die typischen Bewegungen und Körperhaltungen.

Wenn du jetzt aus dem Fenster schaust,
kannst du in der Dämmerung vor dem Haus einen Rentierschlitten erkennen.
Vor den Schlitten sind mehrere Rentiere gespannt.
Verlasse jetzt den Raum und gehe auf die Straße.

Laufe durch den weichen Pulverschnee auf die Rentiere zu.
Sie erkennen dich und haben keine Angst vor dir.
Sie lassen sich von dir streicheln und freundlich klopfen.
Spüre ihr weiches Fell und ihre kräftigen Muskeln unter dem Fell.
Sie scharren mit ihren Hufen und sind ungeduldig,
wann es wohl endlich losgehen wird.

Steige jetzt auf den Schlitten.
Auf dem Boden des Schlittens liegt ein großer Jutesack,
in dem einige Geschenke sind.

Nimm jetzt die Zügel in die Hand und lasse sie locker.
Sofort fangen die Rentiere an, den Schlitten leicht anzuziehen.
Immer leichter und schneller gleitet der Schlitten
über den frischen weichen Schnee durch die anbrechende Nacht.
Die Rentiere scheinen dein Ziel zu kennen.
Die Fahrt geht durch eine dunkle Winterlandschaft, vorbei an Häusern,
die weihnachtlich mit Kerzen und Lichterketten geschmückt sind.

Dein Ziel ist ein kleines Haus, das am Rande einer Ortschaft
etwas abseits von den anderen Häusern steht.
Dein Schlitten nähert sich dem Haus und wird dabei immer langsamer.
Genau vor der Haustüre bleibt dein Schlitten stehen.
Von den Bewohnern dieses Hauses scheint dich niemand zu bemerken.
Du steigst aus dem Schlitten, nimmst den Geschenke-Sack
und gehst zur Haustüre.
Die Türe ist nur angelehnt und du betrittst das Haus.

Die Familie hat sich um den Weihnachtsbaum versammelt.
Es bemerkt dich immer noch niemand, als du den Raum betrittst.

Nur das kleine Kind, das unter dem Baum gerade ein Geschenk auspackt,
schaut dich mit großen, erstaunten Augen an.
Du kannst offenbar nur von Menschen gesehen werden,
die noch an den Weihnachtsmann glauben.
Du schaust das Kind an und zeigst ihm, dass es das Geheimnis deiner Existenz
nicht verraten soll. Das Kind lächelt wissend und nickt dir heimlich zu.

Du nimmst ein Päckchen aus dem Sack und gibst es dem kleinen Kind.
Mit einem erfreuten Lächeln und einem verzauberten Leuchten in den Augen
nimmt es das Geschenk aus deinen Händen entgegen.
Streiche dem kleinen Kind freundlich über das Haar
und verlasse das Haus dann wieder.

Du kannst jetzt überlegen, wem du noch gerne ein Geschenk bringen möchtest.
Du kannst auch wählen, ob diese Person dich bemerken soll oder nicht.
Dann setze dich wieder in den Rentierschlitten und mache dich auf den Weg.

[Kurze Pause]

Wenn du dann alle deine Geschenke verteilt hast,
bleibe mit dem Schlitten an einem schönen Platz stehen,
von dem aus man die Lichter einer Ortschaft im Tal erkennen kann.
Steige dann aus und lasse den Schlitten mit den Rentieren alleine weiter fahren.
Beobachte, wie der Schlitten irgendwann vom Boden abhebt
und durch den Himmel fliegt, bis er in der Nacht verschwunden ist.
Dann verwandeln sich dein Kostüm, der Rauschebart,
das Kissen vor deinem Bauch und die rot-weiße Zipfelmütze
in goldenen Staub, der durch die Luft schwebt
und vom Wind weggetragen wird.

[Rückholphase]

In der Kirche

Thema
Beten, Besinnlichkeit

Ziel
Selbstreflexion

Fragen
- Was könnte es bewirken, Gedanken des Dankens und Bittens der Stille einer leeren Kirche anzuvertrauen?
- Wie ist der Gott, an den du glaubst?
- Was glaubst du, ist das Ziel der Kirche?
- Wie betest du?
- Was könnte man alles als „Beten" bezeichnen?
- Wie religiös bist du?
- Wie drückst du eine Religiosität aus?
- Wozu brauchen Menschen Religion und Glaube?
- An was glaubst du?
- Welche Situationen erlebst du als besinnlich?
- Was sind deine Pausen im Alltag?
- Was sind deine Wünsche und Hoffnungen?
- Wofür verspürst du (wem gegenüber) Dankbarkeit?

Tipps zur Weiterarbeit
- Eine Kirche besuchen oder besichtigen
- Menschen per Postkarte oder Brief für etwas danken

[Einleitungs- und Entspannungsphase]

Verlasse jetzt mit deiner Fantasie diesen Ort und stelle dir vor,
du läufst durch eine alte Stadt.

Die Gebäude hier sind schon vor sehr langer Zeit erbaut worden.
Sie wurden von Menschen gebaut, die selbst schon lange gestorben sind.
Die Straßen bestehen aus Kopfsteinpflaster,
das im Laufe der Zeit schon ganz glatt wurde.

Wenn du durch die engen Gassen gehst, kannst du dir vorstellen,
wie das Leben hier früher ausgesehen hat.

Am Ende einer dieser schmalen Gassen kommst du auf einen Marktplatz,
auf dem ein Wochenmarkt stattfindet.
Stände mit Gemüse und Obst und andere Dinge sind hier zu entdecken.
Schlendere eine Weile über den Markt.
Am Rand des Marktes, abseits der Stände entdeckst du eine alte Kirche.
Sie wird von den Menschen auf dem Markt kaum bemerkt,
aber dir ist sie aufgefallen.
Schaue sie dir von weitem an, komme näher heran
und gehe dann zur Eingangstüre. Betritt die Kirche.

Drinnen ist es dunkler als draußen
und deine Augen müssen sich erst langsam an das wenige Licht gewöhnen.
Hinter dir schließt sich die Eingangstüre wieder.
Die Betriebsamkeit und das Gemurmel des Marktes verstummen.
Du bist der einzige Besucher hier. Es herrscht Ruhe im Inneren der Kirche.
Hier sind Kerzen, die auf dem Altar stehen, die einzigen Lichtquellen.
Schaue dich jetzt in der Kirche um.
Schaue dir in aller Stille die Bilder an den Wänden und in den Altären an,
die Statuen und die Verzierungen an den Wänden und an der Decke.
Vielleicht kannst du noch einen Rest Weihrauch-Duft in der Luft bemerken,
der sich mit dem Duft der Kerzen mischt.

Wenn du dich umgesehen hast, dann setze dich in eine Bank,
lasse die Stille und die besondere Stimmung hier auf dich wirken.
Gönne dir eine Pause und genieße diese Stille der Kirche,
lasse deine Gedanken abdriften.
In diese Kirche kommen oft Menschen, die hier Gedanken hinterlassen.
Menschen, die Worte und Gefühle des Dankes für schöne Erlebnisse
hier denken und leise aussprechen.
Sie hinterlassen diesen Dank in der feierlichen Stille dieser Kirche.
Wenn du möchtest, kannst auch du kurz überlegen,
was du an Schönem in der letzten Zeit erlebt und erfahren hast.
Du kannst hier einige Gedanken der Dankbarkeit in der Stille hinterlassen.

[Kurze Pause]

Andere Menschen kommen hierher, um Hoffnungen, Träume und Wünsche
der Stille hier in der Kirche anzuvertrauen.
Wenn auch du Hoffnungen in dir trägst,
wenn auch du Träume und Wünsche hast,
kannst du sie ebenfalls der Stille in dieser Kirche anvertrauen.

[Kurze Pause]

Stelle dir dann vor, dass draußen die Sonne hinter den Wolken hervorkommt und die bunten Glasfenster der Kirche hell leuchten.
Die ganze Kirche wird in ein buntes und warmes Licht getaucht.
Spüre die angenehme Wärme, die dieses Licht in der ganzen Kirche verbreitet.

Dann verlasse die Kirche wieder, tritt hinaus auf den Marktplatz und genieße den sonnigen Tag. Schlendere noch eine Weile durch die Straßen und mache dich dann auf den Rückweg.

[Rückholphase]

Japanische Rituale

Thema
Rituale, fremde Kulturen, Ruhe und Frieden

Ziele
Sensibilisierung für Rituale, Kreativität wecken, zum Genießen

Fragen
- Welche Rituale kennst du aus deinem eigenen Leben?
  Welche verwendest du und wozu dienen sie?
- Wer könnte dem alten Japaner von dir erzählt haben?
- Was fasziniert Menschen aus unserem Kulturkreis so an östlichen Kulturen?

Tipps zur Weiterarbeit
- Bodypainting oder Henna-Tatoos herstellen
- Gemeinsam ein Reinigungsritual vollziehen
- Mandalas malen

[Einleitungs- und Entspannungsphase]

Gehe jetzt in deiner Fantasie auf eine Wanderung.
Stelle dir vor, wie du an einem schönen Sommertag durch einen Wald wanderst.
Die Sonne scheint durch das Blätterdach
und wirft Muster aus Schatten und Licht auf deine Haut.
Lenke deine Aufmerksamkeit auf den Weg vor dir.
Spüre, wie es sich anfühlt, auf diesem Untergrund zu laufen.

Stelle dir vor, dass der Weg leicht ansteigt
und dich langsam immer weiter nach oben führt.
Irgendwann kommst du an den Rand des Waldes
und siehst hoch oben in den Bergen ein altes japanisches Kloster.
Schaue dir dieses Gebäude eine Weile aus der Ferne an.
Betrachte seine Bauweise, seine Verzierungen,
die es eindeutig japanisch aussehen lassen.
Es ist ganz anders als die Gebäude, die du täglich um dich herum siehst.
Setze deinen Weg zu diesem japanischen Kloster fort.

Je näher du dem Kloster kommst, desto mehr scheint es,
als würden sich auch die ganze Umgebung,
die Zeit und die Situation diesem japanischen Kloster anpassen.
Je näher du diesem Kloster kommst,
desto mehr kommst du in Japan vor einer langen Zeit an.
Du wanderst langsam in eine neue, dir unbekannte, aber faszinierende Welt.
In dieser Welt gibt es eine andere Kultur,
eine andere Art zu denken, eine andere Art zu leben.

Stelle dir vor, wie du staunend und neugierig
am Eingang des japanischen Klosters ankommst.
Ein alter Japaner begrüßt dich freundlich und bittet dich herein.
Es scheint so, als hätte er dich erwartet, als würde er dich kennen,
als hätte ihm schon jemand von dir erzählt.
Trotz seiner freundlichen und zurückhaltenden Art scheint er sich zu freuen,
dass du hier angekommen bist.
Er führt dich in einen hellen Ruheraum,
in dem bequeme Kissen auf dem Boden liegen.

Der alte Japaner bringt dir ein Tablett, auf dem warme, feuchte Tücher liegen.
Mit diesen warmen Tüchern kannst du dich reinigen
und sanft deine Haut massieren.
Nimm dir eines dieser warmen Tücher und wasche damit deine Hände.
Spüre die Wärme, die angenehme Feuchtigkeit
und die reinigende Wirkung dieser Tücher.
Nimm dir ein weiteres Tuch und reibe damit sanft und langsam deine Arme ab.
Das nächste warme Tuch lässt du über dein Gesicht gleiten.
Spüre die angenehme Wärme und Weichheit und die reinigende Wirkung.
Führe diese Waschung wie ein heiliges Ritual aus.
Lasse dir Zeit dazu und genieße es.
Spüre, wie die Luft deine Haut wieder trocknet.

[Kurze Pause]

Wenn dieses Ritual der Reinigung vollzogen ist,
bittet dich der alte Japaner ohne Worte in einen anderen feierlichen Raum.
In der Mitte des Raumes ist ein großer roter Kreis mit goldenen Verzierungen
auf den Boden gemalt.
Der Japaner deutet dir an,
dass du dich in das Zentrum des Kreises setzen möchtest.
Du setzt dich in den Mittelpunkt des Kreises, genau im Zentrum des Raumes.
An diesem Punkt scheinen sich die Energien dieser Welt,
dieser Zeit zu konzentrieren.

Vorsichtig nimmt der Japaner deine Hand in seine und fängt an,
mit einem feinen Pinsel und schwarzer Tusche
in deine Handinnenfläche Zeichen und Muster zu malen.
Die Tusche fühlt sich wie edles Öl an.
Die feinen Muster und filigranen Zeichen verändern ihre Farbe,
wenn sie langsam auf deiner Haut trocknen.
In ruhiger und meditativer Atmosphäre malt der Japaner jetzt die Zeichen und
Muster auf deinen Handrücken und deine Unterarme.
Ein wunderschönes, edles und harmonisches Muster entsteht,
ein Bild, das Ruhe, Frieden und Kreativität ausstrahlt.

[Kurze Pause]

Dann ist der alte Mann fertig mit dem Malen
und er verabschiedet sich von dir.
Er bedankt sich für dein Kommen
und wünscht dir für deine Zukunft alles Gute.
Bevor er den Raum verlässt, öffnet er noch eine Wand,
durch die das Sonnenlicht von außen auf deinen Körper fällt
und dich in ein goldenes Licht taucht.
Spüre jetzt die angenehme Wärme der Sonne auf deiner Haut
und stelle dir vor, wie die Muster und Zeichen auf deiner Haut
durch das Sonnenlicht langsam in deine Haut einziehen.
Du bemerkst, dass dieser Vorgang in dir ein tiefes Gefühl von Ruhe,
Ausgeglichenheit und Harmonie entstehen lässt.

[Kurze Pause]

Dann ist es auch für dich Zeit, diesen Ort zu verlassen.
Verabschiede dich von diesem japanischen Kloster und gehe in deiner Fantasie
auf die Wanderschaft zurück.

[Rückholphase]

Schattenspiele

Thema
Selbstbild, Persönlichkeitsmerkmale

Ziele
Reflexion des Selbstbildes, Training der kreativen Fähigkeiten, zum Genießen

Fragen
- In was hast du deinen Schatten verwandelt? Was könnte das über deine Persönlichkeit aussagen?
- Welches Tier entspricht deiner Persönlichkeit am ehesten? Warum? Welches Tier würden die anderen aus der Gruppe wählen, um dich zu beschreiben?
- Was sind deine „Schattenseiten"?
- Wie verleihst du deiner Kreativität Ausdruck?
- Welche Menschen kommen mit ihrer Meinung über dich deinem Selbstbild nahe?
- Wie würdest du gerne von anderen gesehen werden?

Tipps zur Weiterarbeit
- Einen Schattenriss von seinem Gesicht anfertigen
- Sich gegenseitig Feedback über das Fremdbild geben: „Deine herausragendste Eigenschaft ist...", „Wenn ich dich mit einem Tier vergleichen sollte,...", „Am meisten schätze ich an dir..."
- Den eigenen Körperumriss auf ein großes Plakat malen und den Körper mit einer Selbstbeschreibung (Worte, Symbole, Farben etc.) füllen
- Einzelarbeit zum Selbstbild mit Impulsfragen

[Einleitungs- und Entspannungsphase]

Versetze dich jetzt in deinen Gedanken an einen Ort,
an dem du deinen eigenen Schatten an einer Wand sehen kannst.
Stelle dir eine große, glatte Wand vor, die weder Unebenheiten noch Farbunterschiede hat.
Auf dieser Wand siehst du deinen eigenen Schatten.
Bemerke seine Form und die Tatsache, dass er immer auftaucht,
wenn die Sonne scheint und dass er dich immer begleitet.
Je nach Sonneneinstrahlung verändert er auch immer wieder seine Form
und sein Erscheinungsbild. Und doch ist er ein Teil von dir.

Du stehst vor dieser Wand und betrachtest deinen Schatten.
Stelle dir vor, du könntest dich vor dieser Wand bewegen
und dabei immer deinen Schatten und seine Veränderungen beobachten.
Du kannst dich drehen, deine Hände und Arme bewegen
und dabei immer verfolgen, wie sich dein Schatten dabei verändert.

Wenn du einige Schritte zurück gehst,
wird dein Schatten wachsen und größer werden.
Wenn du einige Schritte näher an die Wand gehst, wird er sich immer mehr
deiner wahren Gestalt anpassen und du kannst Details erkennen:
Die Schatten deiner Haare oder Stellen, an denen das Licht
leicht durch deine Kleidung hindurchscheint.
Wenn du magst, kannst du mit deinen Händen auch
Figuren oder Tiere darstellen, wie das Kinder manchmal machen.
Experimentiere eine Weile mit den Möglichkeiten deines Schattens.

[Kurze Pause]

Stelle dir dann vor, dass du deinen Schatten von deinem Körper lösen könntest.
Beobachte, wie dein Schatten sich langsam vom Boden und von deinem Körper
löst und auf der Wand nach oben schwebt.
Du kannst deinen Schatten jetzt in eleganten, fließenden Bewegungen über die
Wand schweben lassen.
So, als würde er in Schwerelosigkeit schweben,
oder als befände er sich unter Wasser.
Beobachte, wie er sich dreht, wie er schwebt, wie er fliegt.

[Kurze Pause]

Du kannst jetzt auch die Form deines Schattens verändern.
Lasse aus deiner menschlichen Schattenform
den Schatten eines Delfins entstehen.
Die Form verändert sich und geht fließend in die Form eines Delfins über,
der elegant und verspielt über die Wand schwebt.

Dann stelle dir vor, der Schatten des Delfins würde sich teilen
und zum Schatten eines Vogelschwarms werden.
Lauter Schattenvögel fliegen im Schwarm über die Wand,
sie fliegen auseinander und finden sich wieder zu einem Schwarm zusammen,
der sich wie ein einziges Wesen verhält.
Lasse dann die Vögel wieder zu einem einzigen Schatten zusammenschmelzen,
der sich wieder in deine menschliche Form verwandelt.
Dein Schatten schwebt langsam in die Mitte der Wand und verharrt dort.

Du kannst dir jetzt überlegen,
in welche Form du deinen Schatten gerne verwandeln möchtest.
Du kannst die menschliche Form beibehalten, kannst deinen Schatten
in ein Tier oder Pflanze deiner Wahl verwandeln, oder ihn teilen.
Lasse deiner Fantasie freien Lauf.
Experimentiere bewusst, oder lasse dich überraschen,
welche Veränderungen passieren.

[Kurze Pause]

Lasse dann deinen Schatten wieder menschliche Form annehmen
und ihn wieder zu deinem Körper-Schatten werden.
Lasse ihn langsam seine – deine – Form finden
und sich dann wieder mit deinem Körper verbinden.
Werde dir dann noch einmal bewusst, dass all das, was dein Schatten
jetzt vollbracht hat, ein Teil von dir und von deinem Wesen ist.
Der Schatten eines Menschen ist ein Teil von ihm.

[Rückholphase]

Phönix

Thema
Kreativität, Wünsche und Träume, Hoffnung

Ziele
Selbstreflexion, Selbstmotivation, Förderung der Kreativität

Fragen
- Welche Träume und Wünsche hast du schon „begraben"?
- Wie verleihst du deiner Kreativität Ausdruck?
- Wie wichtig ist Hoffnung für Menschen?
- Wie überwindest du deinen „inneren Schweinehund"?
- An welche Wunder glaubst du?
- Wann kann Glaube Berge versetzen?
- Was hältst du von der These, dass jeder Mensch kreativ sei?
- Welche künstlerische Ausdrucksform liegt dir am ehesten?
- Was haben Wünsche und Träume mit Kreativität zu tun?

Tipps zur Weiterarbeit
- Seiner Kreativität Ausdruck verleihen und etwas malen, basteln, töpfern; theaterspielen
- Wünsche und Träume auf einen Zettel schreiben und in einem Lagerfeuer gemeinsam verbrennen
- Ein Kunstmuseum, eine Galerie oder eine Ausstellung besuchen
- Einen Künstler interviewen

[Einleitungs- und Entspannungsphase]

Verlasse mit deinen Gedanken jetzt diesen Raum.
Tritt heraus aus der Wirklichkeit und betritt das Reich der Fantasie.
Ein Land voller Wunder und Zauber,
in dem viele verblüffende Dinge geschehen können.
Besuche ein Land, das du in dem Moment erschaffst, in dem du es betrittst.
Du kannst dir dieses Land so gestalten,
wie du dir ein Land der Fantasie vorstellst.
Du kannst es bevölkern mit Menschen, Tieren und Pflanzen.
Nimm dir einen Moment Zeit, um das Land deiner Fantasie zu entdecken.
Schaue dir die Landschaften an, die es dort gibt,
Ortschaften, Plätze und Gewässer.

Dann stelle dir einen hohen Berg vor, der in der Mitte dieses Landes steht.
Begib dich jetzt auf den Gipfel dieses Berges.
Schaue von hier oben weit ins Land,
entdecke die Schönheit dieses Landes und seine Weite.
Genieße dieses Gefühl, hier oben zu sein, über den Dingen zu stehen,
den Überblick zu behalten, die Luft und die Wärme hier oben zu spüren.
Dieses Land ist das Produkt deiner Fantasie und deiner Kreativität,
es ist das Land deiner Hoffnungen und Träume, deiner Ideen und Wünsche.

Gehe in diesem Land jetzt auf die Suche nach einem Ort, an dem einmal
ein großes Lagerfeuer gebrannt hat. Suche nach dem Lagerplatz, an dem
dieses Feuer gebrannt hat, von dem nur noch die Asche übrig geblieben ist.
Wenn du diese Feuerstelle gefunden hast, dann schaue dich dort um.
Schaue dir die Umgebung an, in die dieser Platz eingebettet ist.

Dies ist der Ort, an dem ein Teil deiner kreativen Energie,
die du als Kind besessen hast, verbrannt ist.
Hier ist die Asche von Träumen verstreut, die du nicht mehr träumst,
zu deren Verwirklichung du nichts mehr tust.
Hier verbrannten die Wünsche von dir, die nie erfüllt wurden.

Hier verglühte die Fantasie, die nicht gewollt war,
die nie ausgelebt werden konnte,
Kreativität, die du nur in deinen Gedanken entwickelt hast, aber nie in die Tat umgesetzt hast und die du schon lange wieder vergessen hast.
Überlege dir kurz, welche Träume und Wünsche,
welche Ideen und Produkte deiner Kreativität hier verbrannt sein könnten.

[Kurze Pause]

Tritt dann ganz nah an die Feuerstelle heran.
Bemerke, dass sie sich durch deine Anwesenheit an diesem Ort
wieder leicht erwärmt hat.
Versuche, diese Wärme im Inneren des kleinen Aschehaufens zu sammeln,
sie zu nähren, bis ein winziges Stück Glut entstanden ist.
Versorge diese winzige Glut jetzt mit Sauerstoff.
Ein leichtes Hauchen von dir genügt, um sie etwas größer werden zu lassen.
Puste leicht in diese Glut, sodass sich ein winziges Feuer entfacht.
Tritt dann zurück und beobachte, wie diese kleine Flamme schnell größer wird,
wie sie Nahrung in der Asche findet.

Sieh, wie sich das Feuer von der Asche ernährt,
wie es größer wird und die gesamte Asche verbrennt,
wie sich das Feuer in einen großen Feuervogel verwandelt. Alle die kleinen Flammen vom Rand verschmelzen in dem einen großen Vogel aus Feuer.
Stelle dir vor, wie der feurige Vogel beginnt, mit seinen Feuerflügeln zu schlagen
und sich vom Boden zu lösen,
wie er sich in die Luft schwingt, noch einmal größer wird
und sich dann mitten in der Luft noch einmal verwandelt,
wie seine Flammen zu Federn werden
und er sich in einen echten Vogel verwandelt.

Der stolze, große Vogel fliegt mit mächtigen und ruhigen Flügelschlägen
in eleganten Bahnen über den Himmel.
Und jeder Flügelschlag zeigt, dass er sein neues Leben genießt.
Auf dem Boden sind die Feuerstelle und alle Asche im Umkreis verschwunden.
Suche am Himmel wieder den Vogel und folge ihm mit deinem Blick.
Begleite ihn bei seinem Flug über das Land deiner Fantasie und fliege mit ihm an die Grenzen dieses Landes.
Folge dem Vogel, wenn er die Grenze zur Realität überfliegt.
Hier in der Realität wird er jetzt wieder zu Hause sein.
Beschließe dann auch du, das Land deiner Fantasie wieder zu verlassen.

[Rückholphase]

Der Brief

Thema
Erinnerungen

Ziele
Reflexion der sozialen Umwelt, Selbstreflexion, Trainieren von Empathie, Kreativitätsübung

Fragen
- Wie wichtig sind Erinnerungen für dich?
- Was bringt Menschen dazu, Souvenirs zu sammeln?
- Was sammelst du? Wie lange schon und aus welchem Grund?
- Was sind deine originellsten und ausgefallensten Erinnerungsstücke?
- Was war der überraschendste Brief, den du je bekommen hast?
- In welchen Situationen würdest du lieber einen Brief schreiben, als beispielsweise zu telefonieren oder eine E-Mail zu versenden?
- Warum schreiben sich Menschen Briefe, wo doch telefonieren viel direkter wäre?
- Was könnte dich dazu bewegen, einem Menschen, zu dem du sehr lange keinen Kontakt mehr hattest, zu schreiben?
- Wann und wo fühlst du dich „Zuhause"?

Tipps zur Weiterarbeit
- Einen Brief aus der Sicht eines anderen Menschen an sich selbst in der zweiten Person schreiben
- Einen Brief an sich selbst schreiben, ihn vier Wochen später abschicken
- Einen Brief an eine der vermuteten Personen schreiben
- Sich gegenseitig Souvenirs oder Sammlungen zeigen oder darüber erzählen

[Einleitungs- und Entspannungsphase]

Verlasse mit deiner Fantasie jetzt diesen Raum und dieses Haus.
Gehe in Gedanken nach Hause.
Sei in dem Zimmer, in dem dein Bett steht,
in der Umgebung, die dir vertraut ist.
Sei an dem Ort, den du dein Zuhause nennst.
Entdecke dort die dir vertrauten Sachen.
Suche nach Dingen, die du aufbewahrst,
weil sie dich an eine schöne Zeit, an eine Begebenheit in deinem Leben,

an ein Erlebnis oder an eine Person erinnern.
Schaue dir diese Dinge an
und lasse dich von einer Erinnerung zur nächsten tragen.
Nimm dir einen Moment Zeit, um weitere Erinnerungen und Souvenirs in deinem Zuhause zu suchen.
Finde sie und erinnere dich wieder, warum du sie aufbewahrt hast.

[Kurze Pause]

Löse dich jetzt aus deinen Erinnerungen.
Gib den Erinnerungsstücken wieder den Platz, den du für sie vorgesehen hast.
Verlasse dann dieses Zimmer und gehe zu deinem Briefkasten.
Der Postbote scheint schon da gewesen zu sein
und du findest einen Stapel mit Briefen und Werbung vor.
Wenn du dir die Briefe genauer anschaust, wirst du darunter einen entdecken,
der handschriftlich an dich adressiert ist.
Auf diesem Brief ist kein Absender zu entdecken.
Schaue dir kurz den Rest der Post durch und lege sie dann beiseite.

Widme deine ganze Aufmerksamkeit deinem persönlichen Brief.
Lasse ihn geschlossen.
Briefe sind viel interessanter und geheimnisvoller, wenn sie geschlossen sind.
Schaue dir den Umschlag genau an.
Rieche daran, ob du einen bestimmten Duft erkennst.
Schaue dir die Briefmarke, den Stempel, deinen Namen in der Adresse an.
Befühle den Brief und stelle fest, dass sich wahrscheinlich ein Blatt Papier
und ein Foto darin befinden.
Halte den Brief immer noch geschlossen.
Überlege dir, wer dir diesen Brief geschrieben haben könnte.
Welche Person kommt wohl am ehesten dafür in Frage?
Stelle dir diese Person vor und überlege, welchen Grund sie haben könnte,
dir zu schreiben, und was auf dem Foto zu sehen sein könnte.

[Kurze Pause]

Schaue dir dann wieder den geschlossenen Brief an.
Was wäre, wenn dieser Brief nicht von dieser Person kommen würde?
Von wem könnte der Brief dann sein?
Wer wäre die Nummer zwei auf deiner Wahrscheinlichkeitsliste?
Denke jetzt an diesen Menschen, überlege, was seine Gründe für den Brief sein
könnten und was auf dem Foto wohl zu sehen sein würde. Nimm dir Zeit dafür.

[Kurze Pause]

Rufe dir wieder den geschlossenen Brief in deiner Hand in Erinnerung.
Überlege dir jetzt, von wem du am wenigsten einen Brief erwarten würdest.
Wer würde dir bestimmt nicht schreiben?

Stelle dir jetzt vor, der Brief käme genau von dieser Person.
Was könnte diesen Menschen dazu gebracht haben, dir zu schreiben?
Was könnte der Inhalt des Briefes sein?
In welcher Situation könnte er entstanden sein?
Und was mag in diesem Fall wohl auf dem Foto zu sehen sein?
Nimm dir auch für diese Person Zeit und lasse deiner Fantasie freien Lauf.

[Kurze Pause]

Wenn du dann gedanklich auch diese Variante durchgespielt hast,
dann überlege dir, ob du den Brief wirklich öffnen
und ihm sein Geheimnis entlocken möchtest.

Wenn du ihn geschlossen behalten möchtest,
dann suche ihm einen Platz in deinem Zimmer.
Wenn du den Brief aber öffnen möchtest, dann öffne ihn.
Suche in deinem Zimmer einen Platz für den Brief.
Und verlasse dann wieder die Welt deiner Fantasie.

[Rückholphase]

Flügel der Fantasie

Thema
Freiheit, Anpassung und Individualität

Ziele
Reflexion von Rollenverhalten, zum Genießen

Fragen
- In welchen Situationen warst du schon einmal der Leiter einer Gruppe?
- Welche Probleme könnte man bekommen, wenn man einen anderen Weg als die Gruppe gehen möchte?
- In welchen Situationen hast du dich schon einmal richtig frei gefühlt?
- Wie wichtig ist Freiheit für dich?

- Wie definierst du Freiheit für dich?
- Was tust du dafür, um frei zu sein?

Tipps zur Weiterarbeit
- Die Flügel der Fantasie basteln oder malen
- Ein „Freiheits-Denkmal oder -Mahnmal" entwerfen.

[Einleitungs- und Entspannungsphase]

Konzentriere dich jetzt auf deine Vorstellungskraft.
Sie ist die Kraft, die deine kreativen Energien bündelt
und die deiner Fantasie Flügel verleiht.

Gleite auf den Schwingen deiner Fantasie aus diesem Raum heraus.
Verlasse die Enge deiner Gedanken und suche nach einem Gefühl der Freiheit.
Spüre, wie es sich anfühlt, frei zu sein, ungebunden, entfesselt und grenzenlos.
Lasse diese Gefühl ganz langsam in dir entstehen,
während du wie mit Flügeln hoch über dem Boden fliegst.

Wenn du unter dich schaust, kannst du Bäume, Häuser, Straßen erkennen.
Alles scheint winzig klein und unendlich weit weg zu sein.
Auf den Flügeln deiner Fantasie schwebst du, losgelöst von allem,
hoch oben in der Luft,
gleitest auf warmen Sonnenwinden dahin,
kannst durch Wolken hindurchfliegen,
die dir kurz die Sicht nehmen und die dich wie in weiche Watte packen,
bis du wieder in das tiefe Blau des Himmels eintauchst.
Du kannst auch kleine Wolken umfliegen,
ihnen in sanften, langgezogenen Bögen ausweichen,
kannst sie mal rechts oder links, mal oben oder unten umfliegen.

Spüre den Strom der Luft um dich herum,
wie er über deine Haut streichelt,
wie er deinen Körper elegant umströmt,
ihn fast zu einem Teil von sich werden lässt.
Spüre die Leichtigkeit, die deinen Körper erfasst hat.
Diese Leichtigkeit, die dir ein Gefühl der Weite und der Freiheit gibt.

Gleite voller Anmut und Eleganz durch den Himmel.
Stelle dir vor, wie du die Wärme der Sonne auf der Haut spürst,
wie die Sonne deine Haut erwärmt und wie der Fahrtwind die Wärme
auf angenehme Weise wieder mit sich nimmt.

Entdecke in deiner Nähe einen Vogelschwarm,
der auf dem Weg in den Süden ist.
Nähere dich diesem Schwarm.
Schließe dich ihm auf dem Weg nach Süden an.
Du wirst von den Vögeln in ihrer Mitte aufgenommen, als wärst du
einer von ihnen. Werde zu einem Teil des Schwarms.
Bemerke den Schutz und die Sicherheit, die ein Schwarm, eine Gruppe bietet.
Lasse dich mitreißen von dem Sog, den ein Schwarm auslöst.
Einem Sog, der dir das Fliegen noch leichter macht,
in dem du dich treiben lassen kannst.
Es ist leicht und angenehm, Teil eines Schwarmes zu sein.

Wenn du möchtest, kannst du auch die Führung des Schwarms übernehmen.
Die Gruppe vertraut dir,
vertraut auf deine Fähigkeiten, deinen Instinkt und folgt dir.
Sie passt sich harmonisch deinen Bewegungen und deinem Tempo an,
fliegt in deinem Windschatten und lässt sich von dir leiten.
Übe dich eine Weile in dieser Rolle.

Wenn du einmal wieder nach unten schaust, wirst du bemerken,
dass du in der Nähe des Meeres angekommen bist.
Es ist nicht mehr weit bis zum Wasser und bis zum Strand.
Löse dich dann wieder aus dem Schwarm und gehe deinen eigenen Weg.
Lasse die Vögel weiter nach Süden ziehen und suche dir von oben aus
einen großen Felsen, von dem aus du sowohl weit über das Meer,
als auch weit ins Land hinein schauen kannst.
Wenn du einen solchen Ort entdeckt hast, dann gleite sanft nach unten
und lande vorsichtig auf dem Felsen.

Spüre wieder den festen Boden unter deinen Füßen,
die Verbundenheit deines Körpers mit der Erde.
Sieh dich hier um.
Schaue zurück über das Land, auf den Weg, den du gekommen bist,
die Strecke, die du zurückgelegt hast.
Schaue danach hinaus auf das Meer,
das am Horizont mit dem Himmel verschmilzt.
Lasse deinen Blick dort ruhen, bis sich die Sonne herabsenkt,
der Himmel sich verfärbt, bis die Sonne glutrot den Horizont berührt
und in einem fast magischen Naturschauspiel im Meer versinkt.
Betrachte dann die entstehende Dämmerung, das Erglühen der Sterne und lasse
dich nun langsam auf den Flügeln deiner Fantasie wieder zurück gleiten.

[Rückholphase]

Gegen den Strom

Thema
Spannungsfeld zwischen Individualität und Anpassung, Gruppendruck und Gruppenzwang, Selbstbewusstsein und Zivilcourage

Ziele
Steigerung von Selbstbehauptung und Kritikfähigkeit, Reflexion des eigenen Verhaltens in Gruppen, Erlernen des Umganges mit ambivalenten Gefühlen

Fragen
- Wie fühlst du dich, wenn du gegen den Strom schwimmst?
- Wie entstehen Trends und Moden?
- Welche Fähigkeiten braucht man, um Gruppendruck und Gruppenzwang zu widerstehen?
- Wer beeinflusst hier in der Gruppe Meinungen und Stimmungen?
- In welchen Situationen ist es besser, sich anzupassen?
- Warum zeigen so wenig Menschen Zivilcourage (den Mut, zu ihren Überzeugungen zu stehen)?
- Was ist „gefährlich" daran, wenn man gegen den Strom schwimmt?
- Welche positiven Auswirkungen kann es haben, gegen den Strom zu schwimmen?

Tipps zur Weiterarbeit
- „Gruppendruck-Szenen" im Rollenspiel durchspielen und nach Handlungsalternativen suchen
- Sammeln von Szenarien, in denen jemand gegen den Strom geschwommen ist
- „Verstecktes Theater" in einer Fußgängerzone spielen (z. B. fängt jemand spontan an zu singen, oder einer spielt einen Hund an der Leine. Die Gruppe beobachtet, wie die Menschen darauf reagieren.)
- Menschen per Interview zu ihrer Zivilcourage befragen

[Einleitungs- und Entspannungsphase]

Gehe in deiner Fantasie durch eine Fußgängerzone, die du kennst.
Stelle dir vor, dass du dir Zeit dafür genommen hast.
Nichts und niemand drängt dich zu etwas.
Du kannst dir in aller Ruhe die Schaufenster anschauen,
in Läden gehen und dich treiben lassen.

Immer wieder entdeckst du etwas anderes, das dein Interesse weckt,
das du betrachtest. Bis du dich abermals von etwas Neuem ablenken lässt.
Lasse dich eine Weile von immer neuen Dingen ablenken,
die deine Aufmerksamkeit erregen.

[Kurze Pause]

Dann bemerke etwas verwundert,
dass immer weniger Menschen in die gleiche Richtung wie du gehen.
Dafür scheinen immer mehr Menschen dir entgegen zu kommen.
Gehe bewusst und entschlossen weiter in deine Richtung.
Einige Menschen scheinen ganz verwundert zu sein, dass du ihnen
entgegenkommst. Lächle ihnen zu und freue dich über die Verwunderung,
die du bei ihnen ausgelöst hast.

Lenke deine Aufmerksamkeit jetzt auf deine Gefühle.
Versuche zu erspüren, welche Gefühle du in dir wahrnimmst,
in dieser Situation in der Fußgängerzone.
Du bist inzwischen die einzige Person,
die sich entgegen der allgemeinen Laufrichtung bewegt.
Es können sich ganz unterschiedliche und auch widersprüchliche Gefühle
in dir einstellen.

[Kurze Pause]

Stelle dir jetzt vor, dass du aus der Fußgängerzone abbiegst
und auf einen Club oder eine Disco zuläufst.
Betritt das Gebäude, in dem einiges los ist.
Überall sind junge Menschen, die lachen, Spaß haben und sich amüsieren.
Nur auf der Tanzfläche ist niemand zu sehen.
Alle scheinen darauf zu warten, dass jemand anfängt, dort zu tanzen.
Anscheinend traut sich niemand, die Tanzfläche als erster zu betreten.

Gehe jetzt in Richtung der Tanzfläche.
Betritt sie und fange alleine an zu tanzen.
Bemerke die Aufmerksamkeit, die du erregst.
Achte wieder auf deine Gefühle in dieser Situation. Was findest du angenehm,
welche Gefühle und Gedanken sind dir unangenehm?

[Kurze Pause]

Dein Vorbild scheint Wirkung zu zeigen.
Dein Verhalten scheint den anderen Mut zu machen.

Du hast den ersten Schritt gemacht, den sich sonst keiner zugetraut hat.
Die ersten betreten die Tanzfläche. Schnell füllt sie sich.

Verlasse jetzt die Tanzfläche
und suche in der Menge nach Menschen, die du kennst.
Irgendwo triffst du auf eine kleine Gruppe von Bekannten.
Ihr begrüßt euch und fangt an, euch zu unterhalten.
Stelle dir vor, dass irgendwann euer Gespräch auf das Thema Kleidung kommt.
Du scheinst da eine andere Meinung als der Rest der Gruppe zu haben.
Wie reagierst du in einer solchen Situation?
Du kannst in dieser Situation die Zeit anhalten
und die Szene wie in einem Standbild einfrieren.
Du hast nun Zeit, dir zu überlegen, wie du reagieren möchtest, was du als
nächstes sagen möchtest, und kannst dann die Situation weiterlaufen lassen.
Achte auch jetzt immer wieder darauf, welche Gefühle du spürst.
Achte darauf, wie deine Gefühle dein Verhalten beeinflussen
und wie dein Verhalten bei den anderen ankommt, wie sie darauf reagieren.

[Kurze Pause]

Dann verabschiede dich von den Leuten, verlasse das Gebäude
und gehe mit deinen Gedanken durch die Fußgängerzone hierher zurück.
Lasse deine Aufmerksamkeit langsam wieder zurückkehren.

[Rückholphase]

Rabe im Nebel

Thema
Zukunft, Entscheidungen, Ungewissheit

Ziele
Eigene Entscheidungen reflektieren, Selbstreflexion

Fragen:
- Wie überwindest du Unsicherheit?
- Wer hilft dir, dich zu entscheiden?
- In welchen Situationen möchtest du dich vor dem Rest der Welt verbergen?
- Welche Entscheidungen in deinem Leben hast du bereut?

Tipps zur Weiterarbeit
- Eine Entscheidungs-Skala entwerfen (von „sehr einfach" bis „sehr schwer") und getroffene Entscheidungen darauf eintragen. Mit anderen diese Entscheidungen besprechen und sich überlegen, was die Entscheidung jeweils erleichtern könnte.
- Sich über Zukunftsängste austauschen

[Einleitungs- und Entspannungsphase]

Versuche dich jetzt an einen Moment in deinem Leben zu erinnern,
als es ganz neblig war.
Stelle dir den Nebel vor, wie er ganz weiß und schwer in der Luft hängt.
Wie er die Sicht versperrt und ganz schwer zu sein scheint.

Jetzt stelle dir einen solchen Nebel auf dem Meer vor.
Du sitzt an einem Strand, schaust aufs Meer
und kurz nach dem Ufer fängt eine scheinbar endlose Welt aus Nebel an.
Stelle dir vor dass es an diesem Ort ganz leise ist.
Eine magische Stille schwebt mit dem Nebel über dem Meer.
Der Nebel scheint undurchdringlich zu sein.
Er scheint nicht nur die Sicht zu versperren,
sondern auch Geräusche zu dämpfen.
Kein Laut ist zu hören.
Koste diesen magischen Moment voll aus.

[Kurze Pause]

Dann scheint irgendwo, ganz entfernt, Bewegung in den Nebel zu kommen.
Erst noch ganz unklar, dann immer genauer kannst du
einen schwarzen Raben durch den Nebel fliegen sehen.

Schließlich findet er den Weg durch den Nebel zum Ufer, an dem du sitzt.
Er hat den Nebel hinter sich gelassen
und schwebt in eleganten Bögen durch die Luft.
Von oben beobachtet er dich argwöhnisch.
Er ist sich offensichtlich nicht sicher, ob er dir trauen kann.

Dann scheint er Vertrauen gefasst zu haben
und landet in deiner Nähe auf dem Boden.
Neugierig kommt er näher und beobachtet dich
mit einer Mischung aus Scheu und Respekt.
Er schaut dich an, blickt dann zum Nebel und wieder zu dir.
Er scheint sich irgend etwas dabei zu denken.

Schließlich schwingt er sich wieder in die Luft und fliegt auf den Nebel zu.
Als er in den Nebel eintaucht, entstehen kleine Luftwirbel.
Er scheint seinen Flug jetzt zu verlangsamen
und nur noch in Zeitlupe zu fliegen.

Seine Flügelschläge verursachen immer größere Luftwirbel
und von irgendwo hoch über dem Nebel scheint sich klare Luft
unter den Nebel zu mischen und ihn dadurch langsam aufzulösen.
Kreuz und Quer fliegt der Rabe unermüdlich durch den Nebel,
bringt die Luft in Bewegung,
verursacht Luftwirbel und löst so den Nebel immer mehr auf.
Manchmal kannst du schon Konturen durch den Nebel schimmern sehen.

Dann mit einem Mal scheint die Sonne ihren Weg durch den Nebel zu finden.
Der noch vorhandene Nebel wird leuchtend gelb,
bis die Kraft der Sonne ihn vollständig auflöst.
Aus den letzten Resten des Nebels siehst du einen Hafen auftauchen.
Hier sind viele Arten von Schiffen vor Anker gegangen:
Kleine Fischerboote, Segelboote und Yachten.
Die Sonne bringt jetzt alles zum Vorschein und lässt die Farben leuchten.

Dann kannst du auch die Kraft der Sonne auf deiner Haut spüren.
Sie wärmt dich auf als wolle sie dich in dieser neuen Welt zu begrüßen.
Mit dem Nebel ist auch die Stille verschwunden
und du kannst die Geräusche des Meeres und des Hafens hören.
Hier hört man Wasser plätschern und gegen Holzplanken schlagen.
Möwen schreien und die Stimmen von Menschen, die im Hafen beschäftigt sind,
werden vom Wind herübergeweht.

Ganz weit oben über dieser Szene schwebt der Rabe.
Er beobachtet dich und kommt dann wieder zu dir an den Strand geschwebt.
Auch diesmal kommt er nahe zu dir und schaut dich an.
Es scheint, als wollte er dein Innerstes erkunden.
Dann hat er wohl einen Entschluss gefasst:
Er breitet seine Flügel aus und schwingt sich wieder in die Luft.
Wenn du möchtest, kannst du ihm in den nächsten Nebel folgen.

[Kurze Pause]

[Rückholphase]

Der Platz in meinem Herzen

Thema
Freundschaft, Liebe, Beziehungen, Vorbilder, wichtige Personen

Ziele
Reflexion des persönlichen sozialen Netzes, Psychohygiene

Fragen
- Welche Menschen haben Einfluss auf dich?
- Wie sind Menschen, denen du vertraust?
- Was erwartest du von einer Freundschaft?
- Sollte es ein Mensch immer wissen, ob und dass er eine Bedeutung für mich hat?

Tipps zur Weiterarbeit
- Einen persönlichen Lebensweg mit wichtigen Stationen und Wendepunkten gestalten
- Das Haus des Herzens von außen malen
- Einen Brief an einen wichtigen Menschen schreiben

[Einleitungs- und Entspannungsphase]

Stelle dir ein Haus vor.
Ein wunderschönes Haus, das du kennst,
oder das du dir in deiner Fantasie erschaffst.

Schaue es dir von außen an.
Wo steht dein wunderschönes Haus?
Wie sehen die Fenster aus?
Welche Farbe hat es?
Wie ist die Haustüre beschaffen?
Schaue dir das Haus in Ruhe an
und finde immer wieder neue Dinge an diesem Haus,
die dir seine Besonderheit und seine Schönheit bestätigen.

Jetzt stelle dir vor, dieses Haus sei ein Symbol für dein Herz.
Hier haben die Menschen und Dinge ihren Platz,
die einen Platz in deinem Herzen haben.
Hier wohnen all die Menschen, die du magst,
alle Menschen und Dinge, für die du positive Gefühle hast.

In diesem Haus gibt es verschiedene Zimmer.
Du kannst jetzt einmal dieses Haus – dein Herz – erkunden
und nachschauen, wer sich alles in diesem Haus, in deinem Herzen, befindet.
Betritt es und gehe zuerst in dein eigenes Zimmer.
Gehe in das Zimmer, das für dich reserviert ist.
Schaue dich dort um.
Wie es eingerichtet ist, wie groß es ist und welche Dinge du darin entdeckst.
Das sind Dinge, die für dich wertvoll geworden sind.

Dann überlege kurz,
welche Menschen Zutritt zu diesem, deinem Zimmer haben sollen.
Wer dürfte dich in deiner Privatsphäre besuchen?
Wem vertraust du so, dass du ihm Zutritt
zu deinem Privatbereich in deinem Herzen erlaubst?

Diese Personen kommen jetzt
zu einem kleinen Kurzbesuch in deinem Zimmer vorbei.
Du begrüßt sie, sie bedanken sich für dein Vertrauen in sie
und dann verabschieden sie sich auch schon wieder.

[Kurze Pause]

Dann verlasse deinen Privatbereich und gehe in einen Raum,
in dem sich alle Menschen befinden, die du magst
und solche, die du vielleicht ein wenig bewunderst,
und auch alle Menschen, die dich mögen und die dich gut finden.

Laufe langsam durch dieses Zimmer
und lasse dich überraschen, wer sich hier alles befindet.
Begrüße alle ganz kurz und schaue dann nach, wen du noch so triffst.
Hier sind Menschen, die du magst und Menschen, die dich mögen.

[Kurze Pause]

Dann verlasse auch diesen Raum und gehe weiter.
Suche das Zimmer, in dem sich die Menschen befinden,
die du schon lange nicht mehr getroffen hast
Hier befinden sich Menschen, die vielleicht früher
oder nur für eine bestimmte Zeit lang wichtig für dich waren.
Suche dieses Zimmer, schaue nach, wer sich darin befindet
und begrüße jeden kurz.

[Kurze Pause]

Jetzt gehe durch dein Haus und suche nach Menschen,
die hier eigentlich gar nicht – oder gar nicht mehr – hergehören.
Gehe auf die Suche nach Menschen,
die in deinem Herzen nichts zu suchen haben.
Wenn du so eine Person gefunden hast, dann bedanke dich bei ihr für den Besuch und begleite sie freundlich zur Tür.

[Kurze Pause]

Wenn du dann so vor deiner Haustüre stehst, kannst du überlegen,
wer dir hier noch fehlt, wen du gerne in deinem Haus
und deinem Herzen beherbergen würdest.
Dann stelle dir vor, gleich kommt die Person oder die Personen vorbei
und du lädst sie in dein Haus ein.
Deine Einladung wird dankend angenommen
Danach entferne dich wieder ein Stück von deinem Haus.
Schaue es dir wieder an. Es scheint noch schöner geworden zu sein.
Nun lasse dieses Bild verblassen
und komme mit deiner Aufmerksamkeit wieder zurück.

[Rückholphase]

Museum der Erinnerungen

Thema
Erinnerungen, Vertrautheit, Werte

Ziele
Reflexion des eigenen Lebens, Selbstreflexion, Fördern positiven Denkens

Fragen
- Wie wichtig sind Erinnerungen für einen Menschen?
- Welchen Sinn hat es, sich an etwas Vergangenes erinnern zu wollen?
- Wie verhinderst du, dass du wichtige Erinnerungen vergisst?
- Welche Dinge sind dir „heilig"?
- Wer und was formte deine jetzige Persönlichkeit?
- Wie hängen Erinnerungen und Selbstvertrauen zusammen?
- Was bringt positives Denken?
- Was waren die bisher wichtigsten Ereignisse in deinem Leben?

> **Tipps zur Weiterarbeit**
> - Eine Ausstellung zusammenstellen, bei der jeder aus der Gruppe einen realen oder gemalten Gegenstand beisteuert, der wichtig in seinem Leben ist. Danach eine Vernissage veranstalten, bei der jeder etwas zu seinem Ausstellungsstück erzählen kann.
> - Ein Museum besuchen
> - Menschen auf der Straße interviewen und sie dabei nach den schönsten Erinnerungen aus ihrer Jugend befragen.

[Einleitungs- und Entspannungsphase]

Stelle dir ein Museum vor, das du schon einmal besucht hast.
Du kannst in diesem Museum schon vor langer Zeit gewesen sein
oder auch erst vor kurzem.
Versetze dich in deiner Fantasie noch einmal dorthin.
Besuche dieses Museum ein weiteres Mal, diesmal aber alleine.
Gehe an die Kasse, bezahle und betritt die Ausstellungsräume.
Versuche dich zu erinnern, was in diesem Museum ausgestellt wird.
Wenn du keine konkrete Vorstellung mehr hast,
dann lasse deiner Fantasie freien Lauf.
Schaue dir die Ausstellungsstücke in Ruhe an.
Da, wo es interessant ist, kannst du auch etwas länger stehen bleiben.

[Kurze Pause]

Komme dann in einen Raum, in dem keine anderen Besucher sind.
In diesem Raum gibt es eine Tür, die dir bis jetzt noch nicht aufgefallen ist.
Neben der Türe ist ein kleines goldenes Schild angebracht,
auf dem die Worte „Museum der schönen Erinnerungen" eingraviert sind.
Darunter steht dein Name.
Der Raum dahinter ist noch im Dunkeln.
Wenn du diesen Teil des Museums betrittst,
wirst du in den erleuchteten Vitrinen Spielzeug finden,
mit dem du als Kind gespielt hast.

Betritt jetzt den Raum, in dem es nun hell wird,
und entdecke, welches Spielzeug aus deiner Kindheit hier ausgestellt wird.
Schaue dir die Spielsachen an und lasse die schönen Erinnerungen,
die du damit verbindest, vor deinem inneren Auge auftauchen.
Nimm dir Zeit, die Spielsachen in diesem Raum auf dich wirken zu lassen.

[Kurze Pause]

Wenn du dann den nächsten Raum
des „Museums der schönen Erinnerungen" betrittst,
findest du in den Vitrinen Kleidungsstücke von dir.
Kleidung aus deiner Kindheit und Kleidung, die du heute noch trägst,
oder die du noch vor kurzer Zeit getragen hast.
Kleidung, die dich an angenehme Momente in deinem Leben erinnert.
Kleidung die du in ganz besonderen Augenblicken deines Lebens getragen hast.
Kleidung, in der du dich wohl gefühlt hast.
Aber auch Kleidung, die andere Menschen getragen haben,
und die dir in angenehmer Erinnerung geblieben ist.
Schaue dich um und sieh, welche Kleidungsstücke
den Weg in das Museum der schönen Erinnerungen gefunden haben.

[Kurze Pause]

In einem weiteren Raum wirst du Kopfhörer entdecken,
die von der Decke hängen.
In diesem Raum wird dich Musik
an schöne Zeiten und Momente in deinem Leben erinnern.
Über die Kopfhörer sind Lieder, Songs und Musik zu hören,
die Erinnerungen in dir wachrufen.
Betritt jetzt den Raum der Musik und lasse dich überraschen,
welche Musik hier ausgestellt ist
und an welche Situationen sie dich erinnert.
Tauche ein in die Erinnerungen.

[Kurze Pause]

Wenn du dann auch diesen Raum ausgiebig genossen hast,
dann komme zu der Türe, auf der das Wort „Ausgang" zu lesen ist.
Gehe durch diese Türe und mache dich auf den Rückweg.

[Rückholphase]

Weitere „Räume der Erinnerung" zum Ergänzen oder Austauschen:

Raum der Geschenke
Im nächsten Raum, dem Raum der Geschenke, wirst du Dinge wiederfinden,
die dir im Laufe deines bisherigen Lebens geschenkt worden sind.
Aber auch Geschenke, die du an andere verschenkt hast.
Geschenke, die aus irgendwelchen Gründen ganz außergewöhnlich oder passend
waren, oder die dir von einem ganz besonderen Menschen geschenkt wurden.
Schaue dich jetzt auch im Raum der Geschenke um.

Raum der Orte
Wenn du den nächsten Raum betrittst, bist du im Raum der besonderen Orte.
In diesem Raum wirst du Fotos von Orten, Ortschaften, Plätzen, Häusern und Räumen entdecken, mit denen du eine positive Erinnerung verbindest.
An diesen Orten kannst du nur ein einziges Mal gewesen sein,
sie können dir aber auch sehr vertraut sein.
Sie können weit entfernt sein oder auch ganz nah.
Betrachte die Fotos der Orte und tauche in die Situationen ein,
die du mit ihnen in Verbindung bringst.

Raum der Urlaubsfotos
Der nächste Raum, den du betrittst, ist der Raum der Urlaubsfotos.
Im Raum der Urlaubsfotos entdeckst du Fotos, die du kennst.
Fotos, auf denen du im Urlaub warst, Fotos von einer Zeit der Erholung,
des Abenteuers, von Spaß und Ausgelassenheit,
Fotos in der Sonne und Fotos im Schnee.
Schaue dir die Urlaubsfotos in Ruhe an und erinnere dich, wie es damals war.
Genieße die Erinnerung.

Raum der Personen
Der darauffolgende Raum ist der Raum der Personen.
Hier sind Statuen und Fotos von Menschen ausgestellt,
die sehr wichtig für dich sind oder waren.
Menschen, die dich weiter gebracht haben,
mit denen du interessante und schöne Dinge erlebt hast,
Menschen, die Begleiter auf deinem Lebensweg sind oder waren.
Schaue dir die Menschen an und
erinnere dich an Situationen, die du mit ihnen erlebt hast.

Raum der Bilder
Wenn du durch die nächste Tür trittst, befindest du dich im Raum der Bilder.
Dort hängen Gemälde, Zeichnungen, Kunstwerke oder Fotos.
Bilder, die abstrakt oder realistisch sein können.
Bilder, denen du im Laufe deines Lebens begegnet bist und die
aus irgendwelchen Gründen in deinem Gedächtnis haften geblieben sind.
Schaue dir die Bilder, Gemälde, Zeichnungen und Fotos an
und erinnere dich, wann du ihnen begegnet bist.

Raum der Pflanzen
Verlasse dann auch diesen Raum und komme in den Raum der Pflanzen.
In diesem Raum werden Pflanzen und Blumen ausgestellt, die irgendwann einmal eine – wenn auch noch so kleine – Rolle in deinem Leben gespielt haben.
Blumen, die du geschenkt bekommen hast, oder die du verschenkt hast.

Pflanzen, die du berührt oder gesehen hast.
Bäume, in deren Schatten du dich aufgehalten hast.
Wiesen über die du gegangen bist.
Lasse dich überraschen, wie viele Pflanzen dir im Gedächtnis geblieben sind
und welche Erinnerungen du mit ihnen verbindest.

Raum der Filme
Betritt den nächsten Raum: den Raum der Filme.
Hier sind Szenen aus Filmen zu sehen, die du schon einmal gesehen hast.
Szenen aus Filmen, die dich berührt haben, die dich begeistert haben,
die dich amüsiert haben oder die dich beeindruckt haben.
Filme, die du alleine oder mit anderen gesehen hast.
Schaue dir diese Filmszenen an und erinnere dich noch einmal
an die schönen Gefühle, die sie bei dir auslösten.

Raum der Tiere
Gehst du durch eine weitere Türe, kommst du in den Raum der Tiere.
In diesem Raum wirst du Tiere finden, die dir im Leben begegnet sind.
Da sind Haustiere von dir oder anderen, Tiere in einem Zoo oder in einem
Zirkus, Tiere die du in freier Wildbahn schon einmal beobachtet hast.
Es können Säugetiere, Vögel, Fische, Reptilien oder Insekten sein.
Erinnere dich an Tiere, die wichtig für dich waren oder sind,
Tiere, mit denen du eine angenehme Erinnerung verbindest.
Lasse dich überraschen, welchen Tieren du hier begegnest.

Raum der Bücher
Wenn du den nächsten Raum, den Raum der Bücher, betrittst,
wirst du dort in den Vitrinen solche Bücher entdecken,
die du schon einmal gesehen oder gelesen hast.
Du kannst dich erinnern, in welcher Situation du sie gelesen hast
oder wie du dir den Inhalt des Buches in deiner Fantasie vorgestellt hast.
In den Vitrinen sind Kinderbücher, Jugendbücher, Romane
oder auch Sachbücher ausgestellt.
Schaue dir die Bücher in diesem Raum in Ruhe an.

Raum der Möbel
In einem weiteren Raum findest du Möbelstücke in den Vitrinen.
Es sind Möbel aus deinem Leben.
Möbel, die du selbst benutzt oder besessen hast,
Möbel die du außergewöhnlich oder witzig findest,
Möbel, die zu Hause, bei Verwandten, Freunden oder Bekannten stehen.
Lasse dich überraschen, zu welchen Erinnerungen
diese Möbelstücke dich inspirieren.

Stadt im Dschungel

Thema
Normen und Werte

Ziele
Selbstreflexion, Reflexion des nahen sozialen Umfeldes, seiner Traditionen, Verhaltensweisen und Gegebenheiten, Fördern der Toleranz

Fragen
- Was unterscheidet deine Familie von anderen?
- Was ist das Besondere an deinem Freundeskreis?
- Welche Werte sind für dich wichtig?
- Was ist schwierig daran, sich in andere Menschen und Kulturen hineinzuversetzen?

Tipps zur Weiterarbeit
- Die Bilder aus dem eigenen Haus malen
- Ein Soziogramm der eigenen Familie und des Freundeskreises erstellen
- Allgemeingültige Werte sammeln und sie nach Wichtigkeit sortieren

[Einleitungs- und Entspannungsphase]

Versetze dich mit deiner Fantasie in einen tropischen Urwald.
Stelle dir hohe Bäume vor, die in ein grünes Licht getaucht sind.
Bemerke eine hohe Luftfeuchtigkeit, Luft, die wie leichter Nebel zwischen den Bäumen schwebt.
Nimm diese Umgebung mit allen Sinnen wahr.
Höre auf die Geräusche, die in so einem Urwald entstehen:
Vögel in den Baumkronen und tropische Tiere, weit entfernt,
Wind, der Blätter zum Rascheln bringt.
Spüre, wie sich die feuchte, warme Luft auf der Haut anfühlt, Sonne, die sich ihren Weg durch die Blätter sucht und die zwischen den Schatten zu spüren ist.
Deine Augen lassen sich von dem satten Grün beruhigen,
die bunten Farben um dich herum inspirieren dich.

Folge jetzt einem kaum erkennbaren Pfad durch den Dschungel.
Der kleine Trampelpfad, der von den Bewohnern des Waldes angelegt wurde, führt dich immer tiefer in den Wald.
Du läufst an riesigen Bäumen mit meterdicken Stämmen vorbei, entdeckst exotische Blumen und Pflanzen und beobachtest von weitem wilde Tiere.

Komme dann an die Ruinen einer Stadt,
die der Dschungel fast schon wieder überwuchert hat.
Schaue dich in den Resten der kleinen Stadt um und entdecke den alten Tempel.

Gehe näher an den Tempel heran.
Schaue dir die Steine an, aus denen er gebaut wurde.
Bemerke die Pflanzen, Efeu und Lianen, die ihren Weg durch den Stein gesucht
und gefunden haben. Die Kraft der Natur hat über den harten Stein gesiegt.
Auch auf dem ornamentreichen Boden des Tempels
haben sich Blumen und Gräser durch den harten Stein gebohrt
und blühen jetzt trotzig im Inneren des Tempels.
Innerhalb des alten Tempels ist es angenehm kühl schattig.
An den Wänden kannst du zwischen den Efeuranken
Schriftzeichen und Bilder entdecken.

Hier hat eine alte Kultur ihren Göttern einen Tempel gebaut.
Versuche anhand der Schriftzeichen herauszufinden, wie die Menschen,
die diesen Tempel errichtet haben, wohl gelebt und ausgesehen haben,
wie sie sich gekleidet und wie sie gefeiert haben.
In solchen Tempeln werden immer wichtige alltägliche Situationen dargestellt.
Es wird gezeigt, wie das Leben verläuft, was wichtig ist, was etwas wert ist,
und wie man sich die Welt außerhalb des Bekannten vorstellt.
Schaue dir vom Tempel aus die restliche Stadt an und versuche dir vorzustellen,
wie das Leben hier wohl ausgesehen haben mag.
Was war diesen Menschen wichtig? Wie hat ihr Alltag ausgesehen?
Was waren ihre Ziele im Leben?
Denke einen Moment darüber nach!

[Kurze Pause]

Lasse dich jetzt auf ein Gedankenexperiment ein:
Stelle dir vor, dass Du mit deiner Familie und deinen Freunden ein Haus
errichtet hättest, in dem ihr euer Leben für die Nachwelt darstellen wolltet.
Wie würden Bilder und Schriftzeichen in einem solchen Haus,
in eurem Tempel aussehen?
Wie könnte man das, was in deinem Leben wichtig ist, an eine Tempelwand
malen?
Wie sieht euer Alltag aus? Was ist in eurer Kultur wichtig?
Welche Ziele sind es, die du in deinem Leben anstrebst?
Nimm dir einen Moment Zeit, um darüber nachzudenken,
was die wichtigen Dinge in deinem Leben, in deiner Kultur sind.

[Kurze Pause]

Wenn du dann eine ungefähre Vorstellung davon entwickelt hast,
wie ein solches Haus aussehen würde, dann stelle dir vor,
dass fremde Menschen dieses Haus entdecken und es sich anschauen.
Beobachte – für diese Menschen unsichtbar – wie sie auf die Bilder reagieren,
welche Bilder sie besonders beeindrucken,
was sie amüsiert, oder was ihr Interesse erregt.
Betrachte diese Szenerie eine Weile.

[Kurze Pause]

Dann verlasse dieses Haus, diese Szene
und kehre langsam von der Fantasiereise zurück.
Lasse das Haus, den Urwald, die verlassene Stadt und den Tempel im Reich
der Fantasie zurück und betritt langsam wieder den Boden der Realität.

[Rückholphase]

Fremdbild und Selbstbild

Thema
Fremdbild und Selbstbild, Meinungen anderer, Selbstwertgefühl

Ziele
Reflexion des Selbstbildes und des vermuteten Fremdbildes,
Bewusstmachung verschiedener Rollen und Rollenanforderungen

Fragen
- Wie wichtig sind dir die Meinungen anderer?
- In welchen Situationen fühlst du dich frei und echt?
- Wann zeigst du dein wahres Wesen?
- Wie kann man die Meinung anderer über sich beeinflussen?
- Kennst du diese Gedankenkette: Du überlegst dir, was andere denken, dass du denken würdest, dass sie …? Und wie gehst du damit um?
- Wie wärst du, wenn du den Vorstellungen deiner Eltern entsprechen würdest?
- Wie wärst du, wenn du so wärst, wie die Leute in deiner Klasse dich haben möchten?
- Aus welchem Grund könntest du in ein paar Jahren in den Nachrichten erwähnt werden?

Tipps zur Weiterarbeit
- Sich gegenseitig positives Feedback geben
- Eine Nachrichtensendung über die Personen aus der Gruppe produzieren, die in zehn Jahren gesendet werden könnte
- Sich in Kleingruppen über unterschiedliche Rollenanforderungen austauschen
- Ein Vorstellungsgespräch im Rollenspiel durchspielen.

[Einleitungs- und Entspannungsphase]

Löse dich jetzt mit der Kraft deiner Fantasie aus deinem Körper,
aus diesem Raum und aus dieser Zeit.
Schicke deinen Geist wie in einem Lichtstrahl auf die Reise.
Du kannst dich jetzt an einen Ort begeben, an dem über dich gesprochen wird.
Du kannst unsichtbar und ohne die Möglichkeit, einzugreifen,
bei diesem Gespräch zuhören.
In diesem Gespräch geht es um dich.

Schaue dir die Menschen an, die sich über dich unterhalten,
wo sie sich befinden
und in welcher Art und Weise sie über dich reden.
Es kann sich dabei um eine reale Szene handeln, mit Menschen, die du kennst,
oder auch um ein Gespräch von Unbekannten.
Höre einfach nur zu.

[Kurze Pause]

Nun wechsele die Szenerie.
Stelle dir eine Familienfeier vor, bei der du nicht anwesend bist.
Du kannst aber alles unsichtbar und für alle unbemerkt beobachten.
Alle haben gute Laune und unterhalten sich.
Schaue dir kurz an, wer alles da ist.
Dann beeinflusse das Gespräch,
indem du das Gesprächsthema auf dich kommen lässt.
Jetzt wird in dieser Runde über dich gesprochen.
Höre einfach zu, was über dich gesprochen wird.

[Kurze Pause]

Verlasse jetzt auch diese Szene
und gehe in deiner Fantasie in deine Klasse,
in deine Schule.

Auch hier bist du das Thema.
Wie wird hier über dich geredet, wenn du nicht da bist?

[Kurze Pause]

Verlasse dann auch diese Szene und stelle dir ein Treffen deiner Freunde vor.
Die Stimmung scheint locker und entspannt zu sein.
Auch hier wird über dich geredet.
Welche Geschichten über dich werden hier erzählt?
Wie ist die Meinung über dich?

[Kurze Pause]

Lasse jetzt auch diese Szene hinter dir
und gehe in deiner Fantasie einige Jahre in die Zukunft.
Stelle dir eine Nachrichtensendung im Fernsehen vor.
Hier wird über dich berichtet.
Um was könnte es in dieser Sendung gehen?
Wie bist du ins Fernsehen gekommen?

[Kurze Pause]

Komme dann wieder in die Gegenwart zurück.
Stelle dir die Szene bei einem Vorstellungsgespräch vor.
Du sitzt einigen Menschen gegenüber, die dich kennen lernen wollen,
die etwas über dich erfahren möchten.
Sie interessieren sich dafür, wie du wirklich bist.

Du wirst gebeten, dich selbst zu beschreiben.
Du kannst alles erzählen, was es Wichtiges über dich zu sagen gibt.
Du brauchst auch keine Angst zu haben.
Hier wird niemand etwas weiter erzählen.
Wie beschreibst du dich selbst?

[Kurze Pause]

Dann verlasse auch diese Szene
und tauche wieder in das Hier und Jetzt ein.
Komme langsam mit deiner Aufmerksamkeit hierher zurück.

[Rückholphase]

Kristallkugelbaum

Thema
Schöne Erinnerungen, Lebensenergie, Element Erde

Ziele
Reflexion der Lebenswelt, Wecken oder Verstärken von Hoffnung und positivem Denken

Fragen
- Was sind – im übertragenen Sinne – deine Wurzeln?
- Woraus schöpfst du Kraft?
- Welche Gefühle hast du in Bezug auf deine Zukunft?
- Wie wichtig sind schöne Erinnerungen für dich?
- Wie wichtig sind deiner Meinung nach schöne Erinnerungen für andere Menschen?

Tipps zur Weiterarbeit
- Den eigenen Lebensbaum malen
- Mit anderen (z. B. in Zweiergruppen) überlegen, was solche „Knospen" sein könnten
- Sich zehn positive Dinge auf einem Zettel aufschreiben, zehn negative Dinge auf einem anderen; den Zettel mit den positiven Punkten immer bei sich tragen, den mit den negativen rituell verbrennen

[Einleitungs- und Entspannungsphase]

Gehe mit deinen Gedanken jetzt heraus aus diesem Raum.
Stelle dir eine Blumenwiese im Sommer vor.
Auf dieser Wiese stehen Bäume.
Komme jetzt mit deiner Aufmerksamkeit ganz langsam auf dieser Wiese an.
Bis du das Gras spüren kannst, auf dem du stehst.
Bis du die Sonne auf der Haut spürst.
Bis du fast die Blumen riechen und die Insekten summen hören kannst.
Alle Orte, die du mit der Kraft deiner Fantasie erschaffst, sind magische Orte.
So ist auch diese Wiese eine magische Wiese.
Hier ist vieles möglich, was in der Realität unmöglich scheint.

In der Mitte der Wiese fällt dir ein besonders alter und starker Baum auf.
Dieser Baum scheint beim näheren Betrachten gläserne Früchte zu tragen.
Die Früchte dieses Baumes sehen aus wie Kristallkugeln.

Gehe jetzt auf diesen Baum zu und versuche,
diesen positiven Zauber zu spüren, der ihn umgibt.

Tritt nahe an seinen Stamm heran.
Berühre den Stamm mit deiner Hand und fühle seine Oberfläche.
Du kannst dabei auch die Augen schließen.
Dann kannst du intensiver und besser fühlen.

Stelle dir vor, wie sich der Stamm bis unter die Erde fortsetzt,
sich dort in die Wurzeln teilt und im Erdreich weit verzweigt.
Wurzeln, die sich im Laufe seines Lebens tief in die Erde gegraben haben,
um ihm einen sicheren Stand zu ermöglichen.
Wurzeln, die ganz fest mit der Erde verbunden sind.
Wurzeln, mit denen er seine Energie, seine Nahrung,
alles Lebensnotwendige aus dem Boden zieht.

Dann stelle dir vor, wie er diese Stoffe, diese Energie verwandelt,
wie er sie verändert und verarbeitet, um zu wachsen,
um Blätter, Zweige und Äste wachsen zu lassen – und neue Früchte.

Jetzt hast du eine besondere Verbindung mit diesem Baum aufgenommen.
Du hast dich mit ihm beschäftigt,
hast verstanden, wie er wächst und sich weiterentwickelt.
Du hast gespürt, wie viel Energie und Zeit nötig waren,
bis er so groß und stark geworden ist.
Du hast seine feste Verwurzelung in der Erde gespürt.

Dieser Baum wurde am Tag deiner Geburt gepflanzt.
Dieser Baum ist fest mit dir und deinem Leben verbunden.
Dieser Baum ist dein Lebensbaum.
In ihm sind deine Gedanken, deine Erfahrungen, deine Wünsche
und deine ganze bisherige Entwicklungsgeschichte enthalten.

Mit diesem Wissen kannst du dir jetzt die Früchte des Baumes näher anschauen.
Wie Kristallkugeln, die mit Nebel gefüllt sind,
hängen sie in den Ästen des Baumes.
Sieh dir eine der Kugeln etwas genauer an.
Der Nebel scheint sich in dieser Kugel zu bewegen.
Wenn du jetzt die Kugel mit dem Finger berührst,
wird sich der Nebel auflösen
und stattdessen eine Szene aus deinem Leben erscheinen,
in der du glücklich warst.
Berühre eine Kugel und beobachte, wie sich der Nebel verflüchtigt.

Schaue dir die Szene in Ruhe an.
Eine Erinnerung an eine schöne Zeit in deinem Leben.

[Kurze Pause]

Jetzt kannst du nach und nach immer mehr Kristallkugeln
mit dem Finger berühren.
Manchmal wird es etwas dauern, bis durch den Nebel etwas zu sehen ist, aber immer werden glückliche Momente und schöne Erinnerungen auftauchen.
Schaue sie dir an, solange du magst.
Nimm dir Zeit dazu und genieße es, in Erinnerungen zu schwelgen.

[Kurze Pause]

Dann verlasse mit deiner Aufmerksamkeit die Kristallkugeln des Baumes.
Nimm wieder den ganzen Baum in den Blick.
In der Zwischenzeit scheint sich nämlich etwas an ihm verändert zu haben:
Stelle dir vor, dass überall an diesem Baum neue Knospen entstanden sind.
Manche haben schon zu blühen begonnen.
An diesem Baum werden noch viele neue schöne Erinnerungen wachsen.
Es werden noch viele Kristallkugeln an diesem Baum hängen.
Sie sind schon entstanden und reifen heran.

Dann wird es Zeit, sich von dieser Wiese zu verabschieden.
Wenn du mit deinen Gedanken zurückkehrst, kannst du dir vorstellen,
dass du aus dem Inneren deines Körpers auftauchst.
Diese Wiese mit dem magischen Kristallbaum ist in dir. Sie ist ein Teil von dir.
Tauche jetzt nach und nach wieder ganz aus dieser Welt in die Realität auf.

[Rückholphase]

Kostümverleih

Thema
Rollen, Masken, Selbstbild, Fasching

Ziele
Reflexion der Gefühlswelt, Selbstreflexion

Fragen
- Aus welcher Zeitepoche stammte dein erstes Kostüm? Welche Assoziationen hast du zu dieser Zeit?
- Welche „Tier-Persönlichkeiten" findest du in deinem Charakterbild?
- Welche Gefühle kommen selten in deinem Leben vor?
- Wie gehst du mit sehr starken Gefühlen um?
- Was waren als Kind deine liebsten Faschingskostüme?
- Was, glaubst du, begeistert die Menschen so am Fasching?
- Welche Figur oder welche Rolle spielst du in deinem Leben gerne?

Tipps zur Weiterarbeit
- Sich von anderen Feedback geben lassen über Fragen wie: Welche Zeitepoche passt zu mir? Mit welchen Tieren könnte ich verglichen werden? Welche Gefühle werden mit mir assoziiert?
- Sich eine Gefühls-Maske basteln (z.B. aus Gips)
- Einen Kostümverleih besuchen

[Einleitungs- und Entspannungsphase]

Verlasse mit deine Gedanken jetzt diesen Raum und dieses Gebäude.
Mache dich auf den Weg zu einem Geschäft, das Kostüme aller Art verleiht.
Gehe entspannt durch die Straßen, schaue dir die Menschen,
die Häuser, die Schaufenster und Geschäfte an.
Lasse dir Zeit dafür. Zeit zum Schlendern.

Komme dann an dem Haus an, in dem sich der Kostümverleih befindet.
Schaue dir das Gebäude von außen an, das Schaufenster, die Eingangstüre.
Dann betritt das Geschäft. Du bist der einzige Kunde.

Ein netter Mann begrüßt dich freundlich
und führt dich in einen großen Raum, der voller unterschiedlicher Kostüme ist.
Eine Wand ist komplett verspiegelt, damit man sich bei der Kostüm-Anprobe
von allen Seiten und bei hellem Licht begutachten kann.
Der Mann wünscht dir viel Spaß beim Aussuchen deiner Kostüme
und geht dann wieder nach vorne in seinen Laden.

Schaue dich um: Welche Art von Kostümen kannst du gleich erkennen?
Gehe dann in die Abteilung, wo Kostüme aus allen Zeitepochen hängen.
Schaue nach, welches Kostüm aus welcher Zeit dir besonders gut gefällt.
Lasse dir etwas Zeit zum Stöbern.

[Kurze Pause]

Ziehe dir dann das Kostüm deiner Wahl über
und tritt damit vor die Spiegelwand.
Bewundere dich, bewundere, wie du aussiehst,
wie du dich fast komplett in einen Menschen aus jener Zeit verwandelt hast.
Du hast die entsprechende Frisur und bewegst dich in diesem Kostüm,
wie es dazu passt. Nimm wahr, wie sich das anfühlt.

[Kurze Pause]

Du kannst natürlich auch mehrere Kostüme aus unterschiedlichen Zeiten
anprobieren, dich im Spiegel betrachten
und dich dann irgendwann für eines entscheiden, das dir am besten steht.
Dieses Kostüm kannst du dann auf einen Kleiderständer neben der Türe hängen.

Begib dich dann in die Abteilung, in der die Tierkostüme hängen.
Schaue dich dort um, sieh nach, welche Tierkostüme in den Regalen hängen,
und probiere an, was dir gefällt.
In welchem Tierkostüm siehst du am lustigsten aus?
Überlege kurz, welches Tier am besten zu dir passen würde
und schaue dann nach, wo das Kostüm dazu hängt.
Ziehe es an und betrachte dich so im Spiegel.

[Kurze Pause]

Entscheide dich auch in dieser Abteilung für das Kostüm, das dir am besten
gefallen hat, und hänge es ebenfalls auf den Kleiderständer an der Tür.
Dann gehe in die Abteilung mit den Faschingskostümen.
Schaue dich dort in Ruhe um,
suche nach Kostümen, die du aus deiner Kindheit kennst
und suche dann ein Faschingskostüm, das du heute anziehen würdest.
Auch hier kannst du dir ganz verschiedene Kostüme heraussuchen,
sie anprobieren und dich darin im Spiegel betrachten.

[Kurze Pause]

Wenn du dich dann entschieden hast,
dann hänge das Kostüm deiner Wahl zu den anderen auf den Kleiderständer
und gehe in die Abteilung mit den Masken.
Hier gibt es Masken von allen Personen und Figuren,
die du dir vorstellen kannst.
Schaue dich um, probiere aus, betrachte dich im Spiegel
und beobachte, wie die Maske dich verändert.
Du kannst auch nach den Masken suchen, die Gefühlszustände darstellen.

Schaue dir diese Masken an,
finde heraus, welche Gefühle hier als Masken vorhanden sind.
Suche dir Masken mit Gefühlen heraus,
die in letzter Zeit in deinem Leben zu finden waren.
Setze dir diese Gefühls-Maske auf und betrachte dich damit im Spiegel.
Du kannst dir auch Masken mit Gefühlen aussuchen, die dir fremd sind,
oder solche mit Gefühlen, die du selten erlebst.
Überprüfe im Spiegel, ob sie zu dir passen.

[Kurze Pause]

Dann nimm die Masken, die dir gefallen, mit zu den Kostümen auf dem Kleiderständer an der Tür und bringe alles nach vorne in den Laden.
Übergib sie dem freundlichen Mann.
Er verspricht dir, dass sie ab jetzt für dich reserviert sein werden
und dass du jederzeit vorbeikommen kannst, um dir etwas auszuleihen.
Bedanke dich und verlasse den Laden wieder.
Gehe dann deinen Weg wieder zurück.

[Rückholphase]

Mein Name

Thema
Selbstbild und Selbstkonzept, Stimme und Ausdrucksformen, Rollen

Ziele
Sensibilisierung für den Namen und die Stimme als Persönlichkeitsmerkmal

Fragen
- Welche der Szenen entsprach am wenigsten deinem Charakter?
- Was empfandest du als angenehm, was als unangenehm?
- Welchen Einfluss hat der Name eines Menschen auf dessen Persönlichkeit?
- Was kann man an der Stimme eines Menschen über ihn erfahren?
- Was könnte die Handschrift eines Menschen über ihn verraten?
- Was hat deine Eltern bewogen, dir deinen Namen auszusuchen?
- Wie würdest du deine Kinder nennen – und wie auf keinen Fall?

Tipps zur Weiterarbeit
- Seinen Namen als Logo oder Schriftzug malen
- Mit Lautstärke und Klang der eigenen Stimme experimentieren, z.B. einen Satz oder Text in unterschiedlicher Lautstärke und Tonlage sprechen, das Ganze aufnehmen und sich anhören
- Sich gegenseitig die Handschrift deuten

[Einleitungs- und Entspannungsphase]

In dieser Fantasiereise wird es um dich und deinen Namen gehen,
den dir deine Eltern gegeben haben.
Aber auch um Namen, die du dir selbst gesucht hast
oder die andere dir gegeben haben.
Begib dich in Gedanken in eine Situation,
in der dein Name von einem Mitglied deiner Familie ausgesprochen wird.
Wie wirst du zu Hause genannt?
Wie hört es sich an?
Wie fühlt es sich an?
Du kannst dir die Szene mehrmals nacheinander vorstellen
und alles auf dich wirken lassen:
Verschiedene Mitglieder deiner Familie sprechen deinen Namen aus.

[Kurze Pause]

Dann stelle dir eine Situation vor mit Menschen, die du magst,
mit Freunden und guten Bekannten.
Wie wirst du hier genannt?
Wie hört es sich an, wenn Menschen, die dich mögen,
deinen Namen aussprechen?
Wie fühlt es sich an?

[Kurze Pause]

Stelle dir jetzt Menschen vor, die du nicht magst.
Wie wird hier dein Name ausgesprochen und wie fühlt sich das an?
Entscheide dich jetzt für einen deiner Namen, den du magst.
Überlege kurz, welche Namen du im Laufe deines Lebens schon hattest.
Das können Spitznamen, Kosenamen,
Nicknames beim Chatten oder Mailen sein,
es kann aber auch dein richtiger Name sein.
Welche Namen wurden dir gegeben?
Welche hast du dir selbst ausgesucht?

Entscheide dich spontan für einen Namen, der dir jetzt im Moment
am besten gefällt, der dir zur Zeit am ehesten entspricht.

Dann stelle dir vor, wie du diesen Namen schreibst.
Wie er in deiner Handschrift geschrieben aussieht.
Stelle dir dann vor, wie dein Name als Logo,
als vom Designer gestalteter Schriftzug aussehen würde.
Jetzt stelle ihn dir in riesigen Buchstaben auf einem Berggipfel vor.
So groß, dass er von vielen Menschen gesehen werden könnte,
dass er eine Attraktion wäre und jeder wüsste,
dass es dein Name ist, dass du damit gemeint bist.
Wie würdest du dich dabei fühlen?

Dann versetze dich in deiner Fantasie in eine Kirche.
Stelle dir eine große und hohe Kirche vor, in der du ganz alleine bist.
Nimm hier die Stille und die feierliche Atmosphäre wahr.
In Kirchen herrscht immer eine sehr gute Akustik.
Leiseste Töne sind hier zu hören. Klang ist intensiv und hallt lange nach.

Flüstere in dieser Kirche jetzt deinen Namen.
Lass deine Stimme dabei klingen,
die Töne schwingen und die Geräusche langsam verhallen.
Sage deinen Namen noch einmal und beachte, wie es sich anfühlt.
Du kannst dir auch vorstellen, dabei die Augen zu schließen.
Dann ist der Klang noch intensiver.

[Kurze Pause]

Verlasse dann die Kirche wieder und begib dich an einen See.
Einen See, dessen Oberfläche ganz ruhig und glatt wie ein Spiegel ist.
Stelle dir vor, wie du an diesem See stehst und deinen Namen aussprichst,
wie der Klang deiner Stimme über die Oberfläche dahingleitet.
Ungehindert und ohne Verluste ist deine Stimme noch weit entfernt hörbar.
Menschen, die weit entfernt sind von der Stelle, an der du stehst, können dich
nicht sehen, aber sie hören dich. Sie hören deine Stimme und deinen Namen.
Sie drehen interessiert ihren Kopf.

[Kurze Pause]

Gehe dann mit deiner Aufmerksamkeit in ein Tal in den Bergen.
In diesem einsamen Tal sind die Felswände hoch.
Hier kann man perfekte Echos erzeugen.
Stelle dir vor, wie du deinen Namen dort rufst.

Sofort wird deine Stimme von den Felswänden reflektiert, verstärkt sich
und du hörst dich selbst mehrmals deinen Namen rufen.
Die Schallwellen deiner Stimme kommen wieder und wieder zurück.
Du kannst die Energie der Lautstärke
mit einem leichten Kribbeln in deinem Körper spüren.
Durch das Echo spürst du immer wieder die Energie deiner eigenen Stimme.
Nimm diese Energie wieder auf und warte,
bis die Echos langsam leiser werden und schließlich ganz verschwunden sind.
Dann verlasse auch diese Szene und mache dich wieder auf den Rückweg.

[Rückholphase]

Frühlingserwachen

Thema
Frühling, Motivation, Träume, Zukunft

Ziele
Selbstmotivation, Selbstreflexion, Setzen von Zielen

Fragen:
- Wie funktioniert Selbstmotivation bei dir?
- Welche Träume hast du innerlich schon „abgehakt"?
- Was erleichtert es, seine Ziele zu erreichen?
- Wie fühlst du dich im Frühling?
- In welchen Situationen hast du Aufbruchstimmung erlebt?
- Wie kann man dich leicht motivieren?

Tipps zur Weiterarbeit
- Sich die Zukunft „ausmalen"
- Einen Frühlingsspaziergang machen

[Einleitungs- und Entspannungsphase]

Kannst du dir vorstellen, wie du dich im Frühling fühlst?
Lasse vor deinem inneren Auge einen Frühlingstag entstehen.
Betritt eine Wiese, auf der die ersten frischen Grashalme des Jahres
aus dem Boden gewachsen sind.
Die Sonne hat sie ans Licht gelockt.

Mit ihren ersten Strahlen, die den Weg
durch den Nebel und die grauen Winterwolken gefunden haben,
hat sie den Boden erwärmt und die Kraft des Lebens wieder erweckt.
Wärme und Licht der Sonne bringen das grüne Gras zum Wachsen, lassen die
Samen der Blumen keimen und ihre Blüten in Richtung der Sonne wachsen.

Stelle dir einen Baum vor, der voller weißer Blüten ist.
Innerhalb von wenigen Tagen sind Blüten an den Ästen entstanden.
Zwischen den weißen Tupfen
ist auch schon das erste Frühlingsgrün zu entdecken.
Ein Grün, das überall zu sehen ist.
Ein leuchtendes, strahlendes, frisches und lebendiges Grün,
das sich aus den Bäumen und Sträuchern
durch die Kraft der erwachenden Natur seinen Weg bahnt.
Bemerke die Vögel, die schon aus dem Süden zurückgekehrt sind.
Höre, wie ihr Gesang die Luft erfüllt
und sieh, wie sie dabei spielerisch und leicht durch die warme Luft segeln.

Lasse diese Szene jetzt auf dich wirken.
Bemerke, wie sie dich verändert.
Spüre die Aufbruchstimmung in dir, den Drang, Dinge neu anzupacken,
Altes hinter dir zu lassen.
Stelle dir vor, dass du diese Frühlingsluft einatmest.
Mit ihr nimmst du auch die Frische und die Lebenskraft in dich auf.

Spüre die Frühlingssonne auf deiner Haut.
Stelle dir vor, wie du zum ersten Mal in diesem Jahr mit T-Shirt im Freien bist.
Spüre, wie es sich anfühlt,
wenn die Sonne nach langer Zeit wieder deine Haut berührt.
Wie sich Sonnenstrahlen anfühlen,
die innerhalb von kurzer Zeit die Natur wieder zum Leben erweckt haben, die
den Boden, die Bäume, die Tiere aus ihrem Winterschlaf geweckt haben.
Beobachte, welche Gefühle diese Sonnenstrahlen in dir auslösen.
Spüre die besondere Wärme der Sonne,
die sich von allen anderen Wärmequellen unterscheidet,
die eine helle, eine belebende, eine leuchtende und frische Wärme abstrahlt.
Atme die Frühlingsluft, spüre die Frühlingssonne, lasse dich inspirieren.

[Kurze Pause]

Nutze dann diese Stimmung, die so viel Neues verspricht
und mache dich auf den Weg.
Laufe durch die Frühlingslandschaft, betrachte das Erblühen der neuen Welt

und nutze diese Aufbruchstimmung, um in dir nach neuen Zielen,
nach alten Träumen, nach fast vergessenen Vorhaben zu suchen.
Nimm dir dafür Zeit, während du die erwachende Natur genießt.
Überlege dir, was in deinem Leben in der Vergangenheit liegen geblieben ist,
was du im Alltag vergessen oder verschoben hast.
Entscheide, ob du es in einem Winter deiner Vergangenheit
zurücklassen möchtest, oder ob du es neu angehen willst.
Jetzt wäre eine gute Gelegenheit dafür.

[Kurze Pause]

Nutze diesen Spaziergang,
um in deinen Gedanken nach alten Träumen aus deiner Kindheit
oder aus der näheren Vergangenheit zu suchen.
Welchen Traum wolltest du dir einmal erfüllen?
Was wolltest du einmal tun?
Welche Träume sind fast in Vergessenheit geraten?
Wenn du möchtest, kannst du diesen Frühlingstag als Anlass nehmen,
die Verwirklichung einiger Träume neu anzugehen.

[Kurze Pause]

Der Frühling ist eine Zeit des Abschieds vom Winter
und eine Zeit des Aufbruchs in eine neue Zukunft.
Jedem Anfang wohnt ein Zauber inne
und jeder Anfang birgt viele neue Möglichkeiten.
Überlege dir, wie es in diesem neuen Jahr mit dir weitergehen soll.
Mache neue Pläne, finde neue Ziele für dein Leben, träume neue Träume.
Nutze den Zauber, fordere die Möglichkeiten heraus
und beginne einen neuen Abschnitt.
Was wäre möglich?
Wohin soll es gehen?
Welche Ziele möchtest du erreichen?

[Kurze Pause]

Nimm dann all diese Gedanken,
bewahre sie tief und sicher in deinem Inneren auf,
lasse sie durch die Kraft des Frühlings wachsen und erblühen.
Nimm dann noch ein paar kräftige Atemzüge der Frühlingsluft.
Nun wende dein inneres Auge wieder von dieser Szene. ab.

[Rückholphase]

Generationen

Thema
Generationenkonflikte, Zukunft

Ziele
Trainieren von Empathie (Einfühlungsvermögen) und Toleranz, Reflexion der eigenen Lebenswelt

Fragen
- Was unterscheidet Kinder, Jugendliche, Erwachsene und ältere Menschen?
- Welche Situation war in deinem bisherigen Leben für dich die schwierigste?
- In welchen Personenkreis konntest du dich am besten einfühlen? Woran lag das?
- In welcher Lebensphase sind Menschen sich am ähnlichsten? Wann am unterschiedlichsten?
- Welchen Vorteil hat es, jugendlich zu sein?
- Wie möchtest du nicht werden?
- In welcher Lebensphase gibt es – deiner Meinung nach – die meisten Konflikte? (Warum?)
- Welche Gedanken und Gefühle in der Geschichte waren dir vertraut?
- Welche Gedanken und Gefühle fandest du am befremdlichsten?

Tipps zur Weiterarbeit
- Interviews mit Erwachsenen, älteren Menschen und Kindern zum Inhalt und Sinn ihres Lebens führen.
- Eine Liste erstellen: „So möchte ich werden". Hinderliches und Förderliches für das Erreichen dieser Ziele sammeln.

[Einleitungs- und Entspannungsphase]

Stelle dir in deinen Gedanken vor, dass du in einer großen Stadt
auf einem großen Platz stehst, auf dem viele Menschen unterwegs sind.
Um dich herum sind viele Menschen, die einkaufen, bummeln,
oder irgend etwas anderes zu tun haben.
Beobachte einen Moment lang die vorbeigehenden Menschen.
Beobachte, wie sie sich bewegen,
welche Gesichtsausdrücke sie haben,
wie sie gehen.

Sieh Kinder, Jugendliche, Erwachsene und ältere Menschen, wie sie sich
durcheinander bewegen, in Gruppen beieinander stehen oder sitzen.
Lenke deine Aufmerksamkeit jetzt auf die älteren Menschen.
Betrachte sie näher.
Diese Menschen haben schon einige Jahre ihres Lebens hinter sich.
Sie haben vielleicht Kinder großgezogen, haben einen Beruf ausgeübt
und viele Höhen und Tiefen ihres Lebens schon erlebt.
Versuche dich in einen dieser Menschen hineinzuversetzen.
Versuche dir vorzustellen, wie diese Person fühlt,
welche Gedanken sie beschäftigen könnten,
worüber sich diese Person freut.
Versuche dir diese Gedanken und Gefühle vertraut zu machen.

[Kurze Pause]

Dann lenke deine Aufmerksamkeit auf die Erwachsenen,
die auf diesem Platz unterwegs sind.
Sie sind ihrer Jugendzeit entwachsen.
Ihr Leben wird von Beruf oder Familie bestimmt.
Es sind Menschen, die Verantwortung übernommen haben,
die ihr Leben selbst in die Hand genommen haben
und die ihr Leben auch nach ihren Vorstellungen gestalten.
Versuche dich jetzt auch in einen dieser Menschen hineinzuversetzen.
Überlege dir, welche Ängste und Sorgen, welche Wünsche und Träume
in den Gedanken dieses Erwachsenen zu finden sein könnten.
Wie könnte es einer solchen Person gehen? Was fühlt sie?
Welche Gedanken beschäftigen sie?

[Kurze Pause]

Nimm jetzt als nächstes die Jugendlichen in den Blick.
Schaue dir an, wie unterschiedlich sie sind.
Unterschiedlich in ihrem Aussehen, in ihrem Verhalten.
Diese Jugendlichen haben ihre Kindheit hinter sich gelassen
und sind auf dem Weg zum Erwachsen-Werden.
Sie haben einen großen Teil ihres Lebens noch vor sich.
Fühle dich in unterschiedliche Jugendliche ein.
Stelle dir vor, welche Sorgen und Probleme sie haben.
Welche Gedanken beschäftigen sie? Wie sieht ihre Welt aus?
Was ist ihnen wichtig?
Was kannst du verstehen, was ist dir fremd?

[Kurze Pause]

Dann lenke deine Aufmerksamkeit auch noch auf die Kinder.
Sie haben fast ihr ganzes Leben noch vor sich.
Sie leben in ihrer eigenen kleinen Welt.
Wie könnten sie sich fühlen? Was ist ihnen wichtig?
Versuche dich in die Gedanken und Gefühle eines Kindes einzufühlen.
Du kannst dich auch an deine eigene Kindheit erinnern, wenn es dir dabei hilft.

[Kurze Pause]

Dann konzentriere dich auf dich selbst und überlege,
wie gut es dir gelungen ist, dich in andere Menschen einzufühlen;
wie es war, sich in ihre Gefühls- und Gedankenwelt hineinzuversetzen.
Verlasse dann diese Szene und kehre mit deiner Aufmerksamkeit zurück.

[Rückholphase]

Sternenkugel

Thema
Gefühle, Beziehungen, Teilen, Mitgefühl

Ziele
Förderung von Empathie sowie kooperativem Denken und Handeln,
Erweiterung der Motivationsfähigkeit

Fragen
- Wie leicht oder wie schwer fällt es dir, mit anderen Menschen mitzufühlen?
- Wie drückst du deine Gefühle aus?
- Wie munterst du andere Menschen auf?
- Welche unserer eigenen Bedürfnisse werden befriedigt, wenn wir anderen Menschen helfen?

Tipps zur Weiterarbeit
- Murmeln („Sternenkugeln") verschenken
- Anderen positives Feedback geben: „Ich finde gut an dir ...", „Ich mag an dir ..."
- Eine Sternenkugel (Mandala) malen – als Ausdruck für das eigene Gefühlsleben

[Einleitungs- und Entspannungsphase]

Stell dir vor, du wärest an einem Ort, an dem du dich sehr wohl fühlst.
An einem Ort, mit dem du eine sehr angenehme Erinnerung verbindest.

[Kurze Pause]

Aber selbst, wenn Menschen um dich herum sind,
bist du mit deinen Gedanken ganz bei dir, ganz in deinem Innersten.
Versuche jetzt, die angenehme Erinnerung, die du mit diesem Ort verbindest,
lebendig werden zu lassen.
Versetze dich nochmals in die Situation,
die diesen Ort zu etwas Besonderem macht.

Nimm noch mal die Umgebung wahr,
achte auf Töne, auf Worte, auf Eindrücke, auf Bilder,
auf Gefühle und Empfindungen.
Du fühlst dich hier wohl.
Versuche mit allen Sinnen dieses Sich-Wohlfühlen wahrzunehmen.
Das angenehme Gefühl im Bauch, deinen Herzschlag, alles,
was diese Erinnerung zu einer schönen Erinnerung macht,
was diesen Ort zu einem besonderen Ort macht,
was diese Situation zu einer sehr glücklichen Situation für dich macht.
Nimm dieses Gefühl wahr, wie es deinen ganzen Körper erfüllt,
wie es dein Denken erfüllt und auch den ganzen Raum um dich.

Jetzt stelle dir vor, du könntest dieses Gefühl sammeln und konzentrieren.
Fühle, wie dieses Gefühl durch deinen Körper fließt,
wie ein angenehmer Schauer, wie eine wohlige Gänsehaut.
Versuche jetzt dieses Gefühl, das durch deinen ganzen Körper strömt,
zu sammeln. Sammle es in deiner linken Hand.
Schließe die Hand, um es festzuhalten,
um es im Inneren der geschlossenen Hand zu konzentrieren.
Wie viele kleine Bäche aus den Bergen
zu einem kristallklaren Bergsee zusammenfließen,
fließen Ströme dieses angenehmen, wohligen Gefühles aus der Umgebung
und aus deinem Körper in deiner linken Hand zusammen.

[Kurze Pause]

Wenn du denkst, dass es genügt, dann schau dir deine geschlossene linke Hand an.
Hier hast du das Gefühl konzentriert.
Jetzt öffne langsam die Hand. Das Gefühl hat Gestalt angenommen.

Es ist eine kleine dunkelblaue Kugel,
nicht größer als eine Murmel, daraus geworden.
Die Kugel ist angenehm warm und glatt
Wenn du sie dir genauer ansiehst, wirst du feststellen,
dass in ihr winzige Sterne sind, die sich langsam bewegen.
Wie ein Stück des verkleinerten Weltalls. Eine Sternenkugel.
Diese Kugel besteht aus konzentrierten, angenehmen Gefühlen von dir.

Jetzt stell dir einen Menschen vor,
einen Menschen, den du kennst,
einen Menschen, dem es vielleicht gerade nicht so gut geht.
Einen Menschen, der zur Zeit ein wenig Aufmunterung,
ein paar angenehme Gefühle gebrauchen könnte.

Und gerade diesen Menschen triffst du.
Stell dir vor, wie du diesen Menschen zur Begrüßung berührst,
ihm die Hand gibst, ihn in die Arme nimmst, oder ihn auf die Schultern klopfst.
Benutze dafür deine linke Hand mit der Sternenkugel.
Bei dieser Berührung verschwindet die Kugel aus deiner Hand
und wird vom Körper der anderen Person übernommen.

Im ersten Moment scheint das unbemerkt zu geschehen,
aber dann schaut dir dieser Mensch plötzlich in die Augen
und du kannst einen kleinen Stern darin aufblitzen sehen.
Ihr verabschiedet euch wieder
und du stellst dir vor,
dass deine Sternenkugel sich in dem anderen Menschen langsam entfaltet,
dass sie schmilzt wie ein Eiswürfel in der Sonne und sich verteilt –
und zu wirken beginnt.

[Rückholphase]

Berührung, Umarmung, Kuss

Thema
Liebe, Schutz, Ärger

Ziele
Stärkung der psychischen Abwehrkräfte, Reflexion des sozialen Netzes

Fragen
- Welche besonderen – heiligen – Orte kennst du? Was macht sie für dich so besonders?
- Wie schaffst du es, dich gegen den Ärger im Alltag zu schützen?
- Welchen Menschen in welchen Situationen hast du geholfen, mit einer Situation besser zurecht zu kommen?
- Wie bemerkst du, dass du von jemandem geliebt wirst?
- Welche Arten der Liebe gibt es?
- Was kann Liebe verändern?

Tipps zur Weiterarbeit
- In Paaren eine „Streichelmassage" durchführen
- Weitere Möglichkeiten sammeln, wie man seinen Schutzschild stärken kann und eine oder mehrere dieser Möglichkeiten ausprobieren.
- Einen Ort der Ruhe oder einen „heiligen" Ort besuchen.

[Einleitungs- und Entspannungsphase]

Jeder Mensch begibt sich ab und zu beim Schlafen
auf eine höhere Ebene der Wirklichkeit: die Traumebene.
Im Traum verarbeiten wir Erlebnisse aus unserem Leben,
lernen mit unseren Gefühlen umzugehen
und schöpfen neue Kraft für die Anstrengungen der Wirklichkeit.
Normalerweise wissen die Menschen nichts mehr von dieser Traumebene,
wenn sie aufgewacht sind. Bei dieser Reise kann das anders sein.

Entscheide dich jetzt ganz bewusst dafür, in die Traumebene einzutreten.
Stelle dir einen besonderen Ort vor, an dem du alleine bist.
Dieser Ort sollte etwas Feierliches, etwas Heiliges haben.
Ein Ort, an dem besondere Dinge geschehen können.
Stelle dir vor, dass du alleine an diesem Ort bist.
Nimm dir Zeit, den Ort auf deiner Traumebene entstehen zu lassen.
Gestalte die Umgebung, das Licht,
und die Dinge, die für eine besondere Stimmung sorgen.
Sei in Gedanken jetzt ganz an diesem Ort auf der Traumebene.
Fühle dich in die Stimmung, die dort herrscht, ein.

[Kurze Pause]

Jeder Mensch hat einen emotionalen Schutzschild.
Dieser Schutzschild ist aus Gefühlen geflochten, die seine Persönlichkeit
und sein Innerstes gegen Angriffe von außen schützen.

Der Schutzschild braucht immer wieder neue Energie, neue Kraft,
damit er stark und undurchlässig bleibt.
Auf dieser Traumebene, an deinem besonderen Ort, kannst du Kraft schöpfen.
Kraft, die du in der Wirklichkeit brauchst.
Kraft, um gegen die Anforderungen der Welt gewappnet zu sein.
Hier kannst du die Ruhe finden, die du brauchst,
um dich gegen negative Gefühle von anderen zu wehren,
Kraft, um gegen Stress und Hektik, gegen die kleinen und großen Dinge,
die dich in der Wirklichkeit immer wieder ärgern, zu bestehen.
Stelle dir vor,
dass dieser Ort mit seiner Besonderheit deinen Schutzschild stärkt,
dass diese feierliche und heilige Stimmung deine Abwehrkräfte stärkt.
Nimm dir Zeit, um das Besondere an diesem Ort zu erspüren
und zu einem Teil deiner selbst werden zu lassen.

[Kurze Pause]

Jetzt stelle dir vor, du könntest an diesem Ort
Menschen erscheinen lassen, die du liebst.
Die Liebe ist eine sehr starke Kraft.
Die Liebe ist die stärkste Kraft, wenn sie weitergegeben wird.
An diesem Ort sind keine Worte nötig.
Liebe wird durch Berührung, eine Umarmung, einen Kuss weitergegeben.
Stelle dir vor, wie diese dich liebenden Personen ihre Liebe
durch Berührung, Umarmung oder einen Kuss an dich weitergeben.
Fühle die Berührung.
Fühle die Umarmung.
Fühle den Kuss.

Diese Liebe gibt dir Kraft.
Sie stärkt deinen Schutzschild, sie steigert deine Abwehrkraft.
Lasse dich berühren, umarmen, küssen.
Lasse dir Liebe schenken und stärke deinen Schutzschild.

[Kurze Pause]

Dann bedanke dich bei diesen Personen
und verabschiede sie aus deiner Traumebene.
Sei wieder alleine dort.
Fühle die neue Stärke deines Schutzschildes.
Dann verlasse auch du wieder die Traumebene.

[Rückholphase]

Ring der Freundschaft

Thema
Freundschaft

Ziele
Reflexion der eigenen Lebenswelt, Bewusstmachung eigener Ressourcen

Fragen
- Wann und in welcher Situation hast du von einer Freundschaft „profitiert"?
- Welche Freundschaften halten am längsten?
- Welche Bedürfnisse befriedigt Freundschaft?
- Welche „Freundschafts-Rituale" gibt es in deinem Leben?

Tipps zur Weiterarbeit
- Freundschaftsbändchen knüpfen
- Ein „Freundschafts-Soziogramm" entwerfen: Welche Freunde stehen mir am nächsten? Welche sind mir ähnlich? Wer ist eher ein „Exot"?
- Freundschafts-Ringe (aus Ton oder Metall) basteln und verschenken

[Einleitungs- und Entspannungsphase]

Überall auf der Welt gibt es magische Plätze.
Orte, an denen die Grenze zwischen unserer Realität
und dem Reich der Magie durchlässig ist.
Plätze, an denen sich die beiden Welten berühren.
Einige dieser Orte wurden in der Vergangenheit schon entdeckt.
Dort wurden Kirchen, Pyramiden und andere heilige Stätten errichtet.
Dort feiern Menschen ihre Gemeinschaft, machen sich gegenseitig Mut,
bereiten sich auf schwere Aufgaben vor oder sammeln ihre Kräfte.

Stelle dir einen solchen – unentdeckten – magischen Ort vor.
Lasse ihn in deiner Fantasie, vor deinem inneren Auge entstehen.
Sei du selbst alleine an diesem Ort.
Schaue dich dort in aller Ruhe um.
Suche nach Hinweisen darauf, dass dieser Ort vor langer Zeit
schon einmal entdeckt worden war und wieder in Vergessenheit geraten ist.
Vielleicht bist du auch der erste Mensch,
der die Besonderheit dieses Ortes erkennt.
Versuche wahrzunehmen, was das Besondere, das Magische an diesem Ort ist.

Du bist an diesen Ort gekommen,
um ein geheimes Ritual der Freundschaft zu erleben.
Die Kraft, die durch Freundschaft entsteht,
schützt vor vielen Gefahren und mobilisiert Kräfte.
Rufe an diesem Ort jetzt Menschen zusammen, denen du in Freundschaft verbunden bist.
Menschen, in deren Anwesenheit du dich wohl fühlst.
Menschen, die für dich da sind, wenn es nötig ist.
Menschen, die dir ähnlich sind, oder die dich ergänzen oder bereichern.
Stelle dir vor, dass nach und nach immer mehr dieser Menschen
hier an diesem Ort auftauchen.
Sei gespannt, wer so alles dabei sein wird.
Alle, die schon da sind, warten gespannt, was als nächstes passieren wird.

[Kurze Pause]

Wenn du dann denkst, dass alle angekommen sind,
mit denen dich eine Freundschaft verbindet,
dann bitte alle, sich in einem Kreis aufzustellen
und sich an den Händen zu fassen.
Stelle dann eine kleine Schale aus Stein in die Mitte des Kreises.
Werde dann selbst zu einem Teil des Kreises.
Nimm die besondere Stimmung wahr,
die an diesem Ort und unter den Anwesenden herrscht.

Schließe dann die Augen
und lasse Energie aus deinem Körper in den Kreis fließen.
Diese Energie ist die Energie der Freundschaft.
Sie fließt leicht leuchtend durch die Körper hindurch,
verursacht ein sanftes und wohliges Kribbeln im Körper
Jeder der Anwesenden verstärkt diese Energie mit einem Teil seiner eigenen.
Die Energie der Freundschaft wird in diesem Kreis langsam immer stärker.

Du kannst die Energie jetzt aus dem Kreis lösen und ihr ein Ziel geben.
Leite sie in die kleine steinerne Schale in der Kreismitte.
Sammle und konzentriere sie in dieser Schale.
Etwas im Inneren der kleinen Schale beginnt zu leuchten.
Ein Leuchten entsteht und wird heller.
Es scheint sich eine große Wärme in dieser Schale zu entwickeln.
Die Wärme ist so stark, dass du sie im Kreis spüren kannst.
Konzentriere alle Energie, die von dir ausging und die von allen Anwesenden
verstärkt wurde, in dem Leuchten in der kleinen Schale.
Du kannst an diesem Ort Energie in Materie verwandeln.

Wenn alle Energie aus dem Kreis in die Schale geflossen ist, wird das Leuchten
erst ganz hell, dann langsam schwächer. Schließlich erlischt es ganz.

Wenn du in die Mitte gehst und in die Schale schaust,
sind dort goldene Ringe entstanden.
So viele, wie Menschen im Kreis stehen.
Nimm die Schale in die Hand und schaue dir die Ringe an:
Sie leuchten in überirdischem Glanz und sind von makelloser Reinheit.
Sie sind noch etwas warm von der Wärme, aus der sie entstanden sind.
Verteile jetzt die Ringe an deine Freunde als Zeichen eurer Verbundenheit.
Sie können sich diesen Ring an den Finger stecken, an einer Kette
um den Hals hängen oder an einem geheimen Ort aufbewahren.
Die Ringe sind nur in der Welt der Magie sichtbar.
In unserer Realität bleiben sie unsichtbar.

Verabschiede dich dann wieder von deinen Freunden
und beobachte, wie sie sich wieder auf den Heimweg machen. Achte dann auf die
entstandene Stille an diesem Ort. Horche in die Stille hinein. Lasse sie zum Teil
deiner selbst werden. Nimm die Stille dann in deinem Körper wahr.

[Rückholphase]

Hinweis:
*Diese Fantasiereise kann auch zum Thema Liebe und Partnerschaft mit zwei
Personen um die Schale herum durchgeführt werden.*

Heilende Hände

Thema
Eigene Kräfte, soziale Verantwortung, Mitgefühl, Teilen

Ziele
Sensibilisierung für Sorgen und Probleme anderer, Motivation zu
sozialem Engagement und Zivilcourage

Fragen
- Wer hilft dir, wenn es dir nicht so gut geht?
- Wie gehst du mit Gefühlen wie Trauer, Liebeskummer, Einsamkeit und Wut um?

- Wie kann man Menschen helfen, die selbstzerstörerisches Verhalten zeigen (Bulimie, Depressionen, harte Drogen, Alkoholismus, etc.)
- Was nützt Mitleid?

Tipps zur Weiterarbeit
- Zum Thema „selbstzerstörerisches Verhalten" bei Jugendlichen arbeiten
- Ein Hand-Henna-Tattoo malen und es in den folgenden Tagen verblassen lassen
- Gemeinschafts-Übungen oder Vertrauens-Übungen durchführen
- Vorsätze für die Zukunft fassen (z. B. in einem Brief an sich selbst)

[Einleitungs- und Entspannungsphase]

Versetze dich in deiner Fantasie jetzt an einen Ort
irgendwo ganz hoch oben in den Bergen.
Stelle dir einen einsamen Ort vor,
an dem noch nie ein Mensch vor dir gewesen ist.
Lasse diesen Ort über den Wolken sein.
So weit oben, dass dort ewiger Sonnenschein herrscht.
Hier ist der Ort, an dem du dich ganz und gar
auf dich und deine Kraft konzentrieren kannst.
Hier oben hast du die Möglichkeit, ganz besondere Fähigkeiten zu erwerben und auszubilden, die du in der Wirklichkeit dort unten nie haben könntest.

Schaue dich als erstes hier oben um.
Bemerke die wärmende Sonne, nimm deine Umgebung wahr:
Die klare Luft,
die Wolken unter dir im Tal,
den felsigen Untergrund,
die Stille und Einsamkeit um dich herum.

[Kurze Pause]

Stelle dir jetzt vor, dass du deine Handinnenflächen aneinander legst.
So, wie Kinder ihre Hände zum Beten falten.
Stelle dir vor, wie es sich anfühlt, wenn sich die Haut deiner Handinnenflächen berührt, wie deine beiden Hände Kontakt miteinander aufnehmen.

Jeder Mensch hat eine Selbstheilungskraft in sich.
Eine Kraft, die kleine Kratzer und Wunden heilen lässt.
Eine Kraft, die uns Schmerzen ertragen lässt
und die uns über schwierige Zeiten in unserem Leben hinweghilft.

Stelle dir vor du könntest deine Selbstheilungskraft, diese heilende Energie,
in deinen Handinnenflächen ansammeln, sie dort konzentrieren.
Lasse diese Energie langsam aus deinem Körper zusammenfließen
und sich in deinen Handinnenflächen ansammeln.
Die intensive Sonne hier oben unterstützt diesen Prozess noch und verstärkt so
die Konzentration deiner Selbstheilungskraft in deinen Händen.
Die Energie der Sonne, ihre Wärme und ihr Licht steigern deine Energien.
Stelle dir vor, dass diese Energie sich mit einem leichten Kribbeln
in deinen Händen bemerkbar macht.

[Kurze Pause]

Dann löse die Verbindung deiner Hände
und betrachte deine Handinnenflächen.
Langsam entstehen dort wunderschöne Muster,
die Ausdruck deiner Heilkräfte sind.
Du kannst diese konzentrierte Heilkraft jetzt an Menschen weitergeben,
die diese Heilkraft dringend benötigen.
Du kannst damit seelischen Schmerz lindern.
Durch Berührung eines Menschen, durch Handauflegen
kannst du einen Teil deiner Heilkraft weitergeben.

Gehe jetzt in Gedanken auf die Suche
nach einem Menschen, den du kennst und der manchmal einsam ist.
Diese Person nimmt dich nicht wahr.
Du kannst sie unbemerkt mit deinen Händen berühren
und ihr einen Teil von deiner Heilkraft abgeben.
Die Muster in deinen Handinnenflächen verblassen dadurch wieder leicht.
Deine Kraft wird diesem Menschen helfen, seine Einsamkeit zu überwinden.

Gehe jetzt auf die Suche nach einer Person,
die mit sich oder ihrem Körper unzufrieden oder unglücklich ist.
Du kannst dieser Person helfen,
indem du einen Teil deiner Heilkraft auf sie übergehen lässt.
Die Kraft wird der Person helfen, sich selbst zu mögen.

Dann gehe weiter auf die Suche nach Menschen, die verzweifelt sind,
die Trauer oder Wut verspüren
oder die unter Liebeskummer leiden.
Besuche jetzt solche Menschen, die Hilfe benötigen
und teile mit ihnen deine Heilkraft.

[Kurze Pause]

Wenn dann die Muster in deinen Handinnenflächen
fast vollständig verblasst sind,
dann gönne dir eine Pause auf dem Berggipfel über den Wolken.
Genieße die Sonne und die Stille.

[Kurze Pause]

Und komme dann in deinen Gedanken wieder hierher zurück.

[Rückholphase]

Traumpfade

Thema
Intuition, Leitungskompetenzen, Vertrauen, Zukunft

Ziele
Lernen, auf seine innere Stimme/ seine Intuition zu hören,
Förderung Positiven Denkens

Fragen
- Welche Erfahrungen hast du mit deiner inneren Stimme/deiner Intuition gemacht?
- Was hindert Menschen daran, auf ihre innere Stimme zu hören?
- In welchen Situationen sollte man auf seine innere Stimme hören?
- Welche Fähigkeiten braucht man, um eine Gruppe zu führen?
- Welche „sozialen Wesen" (Gemeinschaften, die eine enge Bindung untereinander haben) kennst du?
- Von welchen „sozialen Wesen" bist du Teil?
- Wann fühlst du dich als Teil eines „sozialen Wesens"?
- Welche Gefühle haben Leiter von Gruppen?
- Wie geht es dir als Mitglied einer Gruppe, die nicht von dir, sondern von einem anderen geführt wird?

Tipps zur Weiterarbeit
- Den wichtigen Ort malen
- Vertrauensübung: blind führen
- Kreativübungen, z.B. freies Malen oder freies Schreiben zu einem Thema
- Ziele für das eigene Leben formulieren (konkret oder in Metaphern)

[Einleitungs- und Entspannungsphase]

Gehe mit deiner Fantasie auf die Reise.
Stelle dir einen Ort in der australischen Wüste vor.
Du musst nicht dort gewesen sein, um dir einen solchen Ort vorzustellen.
So, wie der Ort in deiner Fantasie aussieht, ist er richtig.
Sei an diesem Ort alleine.

Um dich herum liegt rötlich schimmernder Sand.
Die Luft ist warm, die Sonne scheint und der Himmel ist wolkenlos blau.
In weiter Ferne kannst du einen riesigen roten Felsen entdecken,
der mitten in der Wüste aus dem Sand ragt.
Hier in der Wüste sind sehr selten Menschen anzutreffen.

Entdecke jetzt die Schönheit dieser Situation.
Achte darauf, welche Gefühle in dir geweckt werden.
In dieser Landschaft, in dieser Situation.
Versuche angenehme Gefühle zu erspüren und Gefühle, die dir vertraut sind.
Lasse auch Gefühle zu, die dich irritieren, oder die dir bisher fremd waren.
Suche nach solchen Gefühlen und nimm sie einfach nur wahr.
Akzeptiere sie als Teil von dir.

[Kurze Pause]

Dann lenke deine Aufmerksamkeit wieder auf die Umgebung,
hier in der australischen Wüste.
Stelle dir das Flimmern der Hitze über dem Sand vor.
Lass aus diesem Flimmern eine Fata Morgana, ein verschwommenes Bild
von einer Gruppe australischer Ureinwohner entstehen.
Lasse das Bild etwas klarer werden, bis – scheinbar wie aus dem Nichts – die
Gruppe von Menschen in einiger Entfernung von dir steht.
Sie schauen freundlich zu dir herüber.
Schaue du sie ebenfalls freundlich an.
Sieh dir ihre Haut, ihre Haare, ihre Kleidung und ihre Tätowierungen an.

Diese Menschen gehören einem mystischen Volk an.
Für sie ist die Erde, der Boden, sehr wichtig.
Das Wissen ihres Volkes geben sie untereinander nur durch geheime Zeichen
und uralte Erzählungen weiter.
Sie lassen sich von ihren Träumen leiten,
hören auf ihre inneren Stimmen, horchen auf ihre Intuition.
Diese Menschen sprechen nicht viel miteinander,
denn ihre Gefühle teilen sie anders mit.

Stelle dir vor, du könntest spüren, dass sie dich einladen,
sie auf ihrer Wanderschaft zu begleiten.
Du wirst freundlich in ihre Gruppe aufgenommen.

Ein alter, weißhaariger Mann geht der Gruppe voraus
und die anderen folgen ihm.
Es gibt keinen sichtbaren Weg, den er geht,
und doch scheint der alte Mann genau den Weg zu gehen, der richtig ist.
Ab und zu macht die Gruppe mit dir eine Pause um zu warten.
Alle bleiben stehen, schließen die Augen und warten,
bis ihre Seelen nachgekommen sind.

[Kurze Pause]

Der alte Mann führt die Gruppe zu einem Steinhaufen,
unter dem eine frische Quelle sprudelt, an der sich alle erfrischen können.
Dann wandert die Gruppe weiter,
aber ein anderer übernimmt jetzt die Führung.
Auch jetzt wird ein Weg gefunden, ohne dass er erkennbar wäre.
Ihr gelangt an eine Stelle, an der es Obst und Nüsse zu essen gibt.
Alle stärken sich
und wieder eine andere Person aus der Gruppe übernimmt die Führung.

Ihr gelangt zu einem heiligen Platz, an dem die Gruppe ihre Toten ehrt.
Dann lädt dich die Gruppe ein, ihre Leitung zu übernehmen.
Du sollst dich und die Gruppe zu einem Platz führen,
der für dich und dein weiteres Leben wichtig ist.
Noch etwas unsicher gehst du an die Spitze der Gruppe.
Alle schenken dir ihr Vertrauen und du spürst in dir Zuversicht,
dass du es schaffen wirst.

Dann mache dich auf den Weg.
Lass dein Denken in den Hintergrund treten
und versetze dich in einen traumähnlichen Zustand.
Du kannst durch Raum und Zeit wandern.
Jeden Ort auf der Welt kannst du erreichen.
Jede Umgebung und jede Zeit ist möglich.
Gehe an einen Ort, der wichtig für dich war,
der wichtig für dich ist,
oder der wichtig für dich werden könnte.
Komme langsam dort an.

[Kurze Pause]

Die Gruppe der Ureinwohner ist bei dir.
Sie haben dir jetzt genug beigebracht, deine Fähigkeiten gestärkt.
Sie haben dir geholfen, damit du dir selbst helfen kannst.
Jetzt ist der Zeitpunkt gekommen, sich zu verabschieden.
Sie gehen ein Stück weg von dir und sie beginnen wieder
wie eine Fata Morgana in der Hitze der Wüste zu flimmern.
Bis sie wieder verschwunden sind.
Dann schaue dich am Ziel deiner Wanderung um.
Du bist an einem Ort, der für dein Leben wichtig ist.

[Kurze Pause]

Dann lasse auch diesen Ort mit einem Flimmern verschwimmen
und begib dich auf die Rückreise.

[Rückholphase]

Berührungen

Thema
Gefühle, nonverbale Kommunikation, Liebe und Geborgenheit

Ziele
Sensibilisierung für den Tastsinn, Reflektieren und Trainieren
von Empathie/Einfühlungsvermögen

Fragen
- Welche Berührungen empfindest du als angenehm?
- Warum haben viele Jungen und Männer mit Berührungen mehr Probleme als Mädchen oder Frauen?
- Welche „Ausdrucksformen" von Liebe oder Zuneigung kennst du? Welche verwendest du in welchen Situationen?
- Was sagt ein Händedruck oder eine Umarmung über den Menschen aus?

Tipps zur Weiterarbeit
- Sich in Paaren gegenseitig die Hände massieren oder waschen (eventuell mit geschlossenen Augen)
- Massagen (z.B. mit einem Igelball) oder andere Körperübungen
- Weiter zum Thema Liebe oder Freundschaft arbeiten

[Einleitungs- und Entspannungsphase]

Lenke deine ganze Aufmerksamkeit jetzt auf deine Hände.
Wenn du dich darauf konzentrierst, kannst du die Nerven, die sich in deiner Handinnenfläche befinden, sensibel und empfindlich werden lassen.
Du kannst dir vorstellen, dass du dort ein leichtes Kribbeln verspürst.
Versuche dich voll auf deinen Tastsinn zu konzentrieren.

Wenn deine Nerven in den Händen ganz sensibel sind, dann stelle dir vor, wie es sich anfühlen würde, eine Katze zu streicheln.
Vielleicht hilft es dir, wenn du dir denkst, dass du dabei die Augen geschlossen hast. Konzentriere dich nur auf das Fühlen.
Lass deine Hände über das glatte, glänzende und weiche Fell gleiten.
Nimm auch das Schnurren der Katze wahr.
Stelle dir vor, wie sich dieses Schnurren anfühlt.
Die Katze teilt dir dadurch mit, dass sie es genießt,
von dir gestreichelt zu werden.
Dein Streicheln tut ihr gut und sie fühlt sich wohl dabei.
Das Alles kannst du mit deinen Händen erspüren.
Spüre auch bei dir selbst nach, wie du dich fühlst,
wenn diese Katze sich so gerne von dir streicheln lässt.
Welche Gefühle löst das bei dir aus?
Jetzt nimm dir noch einen Augenblick Zeit, um das Streicheln zu genießen.

[Kurze Pause]

Dann stelle dir eine andere Situation vor:
Spüre, wie es sich anfühlt, wenn ein Baby deine Hand, deine Finger greift.
Wie sich dieser Kontakt mit dem Baby auf der Haut anfühlt.
Wie es noch unbeholfen und neugierig deine Hand erkundet.
Wie es sich freut, dass es etwas zum Greifen und zum Drücken gefunden hat.
In der Berührung ist keine Angst und Vorsicht zu spüren,
nur Neugierde und Freude über das Neue.
Einem Baby vermittelt der direkte Hautkontakt das Gefühl von Sicherheit.
Fühle die Berührungen und achte darauf, welche Gefühle sie bei dir auslösen.

[Kurze Pause]

Stelle dir als nächstes vor, wie es sich anfühlt,
wenn du jemandem die Hand gibst.
Stelle dir diesen Vorgang in Zeitlupe vor,
damit du ganz genau spüren kannst, wie sich das anfühlt.
Stelle dir jetzt nacheinander den Händedruck von verschiedenen Menschen vor.

Von Menschen aus deinem Leben, Menschen die du kennst.
Versuche die Unterschiede zu bemerken.
Spüre, wie verschiedene Hände und unterschiedlicher Druck
immer wieder andere Gefühle und Gedanken bei dir auslösen.
Versuche herauszufinden, was du als angenehm empfindest.

[Kurze Pause]

Verlasse jetzt auch diese Szene
und stelle dir die Hand eines alten Menschen vor.
Wie fühlt sich eine Hand an,
die schon sehr lange gegriffen, gearbeitet und gefühlt hat?
Wie fühlt es sich an, wenn du diese Hand anfasst?
Wie fühlt es sich an, wenn deine Hand von dieser Hand gehalten wird?
Wenn sie deine Hand streichelt,
dir Vertrauen schenkt,
dich beruhigt,
dich ermutigen möchte?

[Kurze Pause]

Jetzt versuche nachzuspüren,
wie es ist, von jemandem in den Arm genommen zu werden.
Wie es ist, gehalten zu werden.
Wie es ist, getröstet zu werden.
Wie es ist, sich geborgen und beschützt zu fühlen.
Spüre Arme, die dich halten, in denen du dich ausruhen kannst.
Einen Menschen, an den du dich anlehnen kannst.

[Kurze Pause]

Dann lenke deine Aufmerksamkeit wieder ganz auf dich selbst.
Stelle dir deine eigenen Hände vor, die solche Gefühle erspüren können.
Diese Hände, die auch fähig sind,
solche Gefühle auszudrücken und weiterzugeben.

[Kurze Pause]

Jetzt weite deine Aufmerksamkeit auf deinen ganzen Körper aus.
Spüre ihn wieder in seiner Ganzheit.

[Rückholphase]

Ballonstart

Thema
Spannungen, An- und Verspannungen

Ziele:
Lösen von Spannungen, Förderung von Harmonie sowie ausgleichenden, harmonisierenden Fähigkeiten.

Fragen:
- Welche körperlichen Verspannungen erlebst du an dir selbst?
- Welche Spannungen im zwischenmenschlichen Bereich sind dir vertraut?
- Wie verhältst du dich, wenn du selbst unter Spannung stehst?
- In welcher Situation hast du deine Anwesenheit schon einmal als entspannend erlebt?
- Was sind positive Aspekte von Spannung?
- Wie baust du Spannungen bei dir selber ab?
- Was ist das Gefährliche daran, sich in einen Streit einzumischen?
- Welche Fähigkeiten sollten Streitschlichter haben?
- Wie gehen Kinder (im Vergleich zu Jugendlichen oder Erwachsenen) mit Spannungen untereinander um?
- Mit welchen Menschen hast du häufig Spannungen? Wie reagierst du dann? Welches Verhalten bringt dich „auf die Palme"?

Tipps zur Weiterarbeit
- Ein Entspannungsbad nehmen
- Sich im Rollenspiel als Streitschlichter versuchen
- Sich massieren lassen, um Spannungen zu lösen

[Einleitungs- und Entspannungsphase]

Stelle dir bitte in deinen Gedanken folgende Szene vor:
Auf einer Wiese ist ein großer, roter Heißluftballon
mit vielen Seilen auf der Erde befestigt.
Der Ballon ist bereit für den Start,
aber der Korb wird durch die Seile noch an die Erde gefesselt.
Die Taue sind fest am Korb angebracht.
Am Boden sind sie um hölzerne Pflöcke geschlungen.
Der Ballon möchte sich in die Luft erheben,
aber die Taue halten ihn an der Erde.

Die Seile sind straff und fest von der Spannung
zwischen der Erde und dem Ballon, der danach strebt, zu fliegen.

Du bist auf einem Spaziergang hier an dieser Szene vorbeigekommen.
Die Menschen im Ballon haben dich entdeckt, rufen dich herbei
und bitten dich, die Seile von den Pflöcken im Boden zu lösen,
damit der Ballon endlich starten kann.
Du möchtest den Menschen helfen und trittst näher an die Seile heran.
Wenn du mit der Hand ein Seil umgreifst,
kannst du die Spannung in ihm spüren.
Es ist viel Kraft unter der rauen Oberfläche des Taues zu bemerken.
Das Seil ist straff gespannt, weil der Ballon es mit Kraft nach oben zieht.
Hier sind starke Kräfte am Werk, mit denen du sehr vorsichtig umgehen musst.

Halte mit der einen Hand das Seil fest und löse mit der anderen Hand
ganz vorsichtig die Schlinge um den Holzpflock am Boden.
Spüre, wie sich ganz langsam die Spannung im Seil verringert,
bis es ganz locker und entspannt in deiner Hand liegt.
Die Ballonfahrer ziehen das Seil jetzt nach oben in den Korb.

Gehe dann an das nächste Seil, das den Ballon am Boden hält.
Greife wieder nach dem Seil, spüre die starke Spannung die darin herrscht.
Die Spannung darin ist hier noch etwas höher, denn die Kraft
wird nicht mehr so verteilt, seit du das erste Seil gelöst hast.
Löse auch dieses Seil ganz vorsichtig,
spüre, wie die Spannung darin nachlässt, bis sie ganz verschwunden ist.
Befreie den Ballon auch von dieser Fessel.
Beobachte, wie das Seil durch die Luft baumelt,
wenn es nach oben gezogen wird.

Gehe jetzt zu den anderen Seilen.
Löse auch diese Seile.
Nimm dir Zeit dazu, die Spannung in allen Seilen – bis auf das letzte –
zu verringern und schließlich zu lösen.
Lasse das letzte Seil übrig, an dem der Ballon dann noch hängt.
Gehe sehr vorsichtig an diese Aufgabe heran.

[Kurze Pause]

Wenn, bis auf das letzte, alle anderen Seile gelöst sind,
dann nimm dir dieses letzte Seil vor.
Hier musst du ganz besonders vorsichtig sein, denn in diesem Seil
ist die Spannung gesammelt, die vorher auf alle Seile verteilt war.

Umschließe das Seil mit deiner Hand,
löse sehr vorsichtig die Schlinge
und spüre, wie das Seil ein wenig nachgibt,
wie die Spannung bleibt, aber der Ballon ein kleines Stück nach oben schwebt.
Löse dann die Schlinge ganz und befreie den Ballon.

Ganz sanft und leicht schwebt er langsam nach oben
und zieht das letzte Seil hinter sich her.
Die Spannung ist verschwunden.
Der Ballon schwebt frei und schwerelos hoch in den Himmel.
Sanft wird er vom Wind weggetragen.
Winke noch einmal den Ballonfahrern zu, die sich freudig bei dir bedanken,
und schaue dem Ballon nach,
wie er langsam höher schwebt und Fahrt aufnimmt,
wie er über Wiesen und Wälder und Städte schwebt,
über eine sich immer verändernde Landschaft.
Folge ihm mit deinem Blick,
bis er nur noch als kleiner roter Punkt ganz weit entfernt zu sehen ist.
Wenn er am Horizont verschwunden ist,
dann kehre mit der Gewissheit zurück,
dass du es geschafft hast, Spannungen zu lösen.

[Rückholphase]

Regenbogen

Thema
Konsens, Mediation (Streitschlichtung), Vermittlung, Frieden

Ziele
Verstärken mediativer Fähigkeiten, Förderung von Kreativität

Fragen
- In welchen Situationen entsteht aus zwei Gegensätzen etwas Neues?
- Wie sind Menschen, die so etwas bewirken können?
- Wie geht es dir, wenn du „zwischen den Fronten" stehst?
- Was passiert, wenn sich zwei Extreme (Meinungen, Einstellungen, Handlungen etc.) nicht vereinbaren lassen?

Tipps zur Weiterarbeit
- ◆ Im Rollenspiel versuchen, als Vermittler einen Streit zu schlichten
- ◆ Die Teilnehmer sammeln Streit-Situationen aus ihrem Leben und überlegen gemeinsam, wie man in solchen Situationen alternativ hätte reagieren können.
- ◆ Eine Collage zum Thema „Frieden" anfertigen, die von einem Regenbogen durchzogen ist

[Einleitungs- und Entspannungsphase]

Versetze dich in Gedanken auf den Gipfel eines Hügels,
von dem aus man einen weiten Blick ins Land hat.
Finde dich langsam in diese Situation ein.
Nimm nach und nach die Einzelheiten dieser Situation wahr.
Lenke deine Aufmerksamkeit auf den Boden, auf dem du stehst.
Nimm die Sonne wahr, die deine Haut erwärmt.
Genieße den Ausblick auf die Landschaft, den du von hier oben hast.
Achte auf die Ruhe, die hier oben herrscht.

Versuche jetzt deine Gefühle zu erspüren,
die in einer solchen Situation zu bemerken sind:
Weit oben, mit dem Blick, der fast ungehindert in die Ferne gleiten kann.
Welche Gefühle spürst du?

Bemerke, dass sich weit entfernt am Horizont Wolken bilden,
Wolken, die langsam mehr werden und näher kommen.
Wolken, deren Schatten sich leicht und ruhig über die Landschaft bewegen.
Langsam kommen die Wolken näher.
Der Himmel scheint zweigeteilt:
Während sich im einen Teil die Wolken bilden,
scheint in der anderen Hälfte des Himmels noch die Sonne.
Es hat den Anschein, als ob sich hier zwei unterschiedliche Welten begegnen.
Du kannst einen Blick in beide Welten werfen.

Weit entfernt fallen aus den Wolken die ersten Regentropfen.
Hier existieren zwei ganz gegensätzliche Wetterphänomene nebeneinander.
Aber diese beiden Gegensätze bekämpfen sich nicht,
sondern an ihrem Berührungspunkt, genau an der Grenze ihrer Begegnung,
entsteht aus Gegensätzen etwas Wunderschönes, etwas ganz Neues,
etwas, das beide Extreme vereint und verbindet.
Da, wo sich Sonne und Regen begegnen,
entsteht ein Regenbogen.

Stelle dir diesen Regenbogen vor,
wie er sich im Halbkreis über die Landschaft spannt.
Schaue dir seine Farben an, die manchmal blasser, manchmal intensiver leuchten.

Dann stelle dir vor, wie das eine Ende, das den Boden berührt,
sich langsam auf dich zu bewegt.
Die Wolken am Himmel verschieben sich so, dass sich die Grenze
zwischen Sonne und Regen auf dich zu bewegt.
Erst berührt dich eine Farbe,
dann bist du ganz in das Licht des Regenbogens getaucht.
Das Licht eines Regenbogens hat eine ganz besondere Energie.
Eine Energie, die Veränderungen bewirken kann.
Eine Energie, die Extreme vereinen und daraus etwas Neues entstehen lassen kann.
Stelle dir vor, wie du im Licht des Regenbogens stehst
und ein Teil dieser besonderen Energie auf dich übergeht.
Du brauchst nichts dafür zu tun, außer offen zu sein für diese Energie.

[Kurze Pause]

Dann scheint die Sonne wieder an Kraft zu gewinnen,
die Wolken haben sich ausgeregnet und sie lösen sich langsam auf.
Die Farben des Regenbogens werden immer heller,
bis sie sich ganz in Sonnenlicht verwandelt haben.
Beobachte, wie sich über der ganzen Landschaft die Sonne wieder ausbreitet.

Dann lenke deine Aufmerksamkeit auf dich selbst.
Suche nach Veränderungen durch die Energie des Regenbogens.
Es kann sein, dass sich in deiner Einstellung
oder in deinen Gedanken etwas verändert hat.
Durch den Regenbogen wurde deine Fähigkeit verstärkt,
zwischen Extremen zu vermitteln,
deine Fähigkeit, Gegensätze zu vereinen
und daraus etwas Neues entstehen zu lassen.
Du kannst diese Fähigkeit in deinem weiteren Leben
zum Schlichten, zum Ausgleichen, zum Vermitteln einsetzen.

[Kurze Pause]

Lasse dann die Umgebung, in der du dich in deiner Fantasie befindest,
langsam verblassen
und leite deine Gedanken hierher zurück.

[Rückholphase]